鎌倉寺社の近世

転換する中世的権威

中野達哉【編】
Tatsuya Nakano

岩田書院

序

中野　達哉

　中世、武家政権がおかれた鎌倉において、鶴岡八幡宮や鎌倉五山といった寺社は、武家権力と結びつき、武家の信仰をあつめて庇護を受け、その地位を確立し、中世的権威として存続してきた。こうした寺社は、武家権力と関係を保ちながらも、一定の距離をおき、自らも所領を支配し、社会のなかで自立した権威・権力をもつ存在であった。とくに、鶴ヶ岡八幡宮や建長寺・円覚寺・東慶寺（松岡）は、特別な「四ヶ所」として、中世を通じて特別な地位にあり、また、豊臣秀吉からもその存在を認められていた。本書では、この「四ヶ所」に代表されるような、中世の武家政権と結びつき、特異な地位にあった寺社を「鎌倉寺社」とよぶこととする。

　こうした鎌倉寺社に代表されるような、中世には武家権力のもとに必ずしも包摂されていない寺社が、近世社会においては、将軍権力（幕藩権力）の枠組みのなかに組み込まれ、位置づけられていった。つまり、体制的には、武家が上位権力として存在し、そのもとで保護され、人々の信仰を集め、存続していったのである。鎌倉寺社も孤高の存在とはならず、幕府に保護されるとともに、民衆・地域とも結びつき、さまざまな関わりをもって存立していた。

　さて、これまでの近世史研究において、寺社の研究は、たんに宗教史というにとどまらず、多様な展開をみせている。寺社や宗教・信仰の研究は、いくつかの視点から進められてきた。ひとつはいわゆる宗門史、教学・教義の師承に関する視点からの研究である。もうひとつは、本末制度や触頭制度など、寺社を規定するとともに支えた制度・システムに注目し、近世国家や地域社会との関わり、権力による寺社支配と編成、宗派の構造を解明しようとする研究である。また、造営・修復・運営資金獲得と開帳・貸付金など、寺社の維持・運営面に焦点をあてた研究もみられる。そして、日本人の多様で重層的な信仰を捉え、幕府をはじめとする領主権力の信仰・加持祈禱や、庶民の信仰と旅、名所化の視点から寺社を捉えようとする研究もみられ、後者は近年の行動文化論のなかで位置づけられてきている。このように、近世の寺社研究は多角的に進められようとしている。

しかし、寺社や信仰をめぐる研究は、いまだ部分的な分析にとどまり、事例を積み重ね、全体像を描く必要があると考えられる。また、寺社内の職制をはじめとする内部の運営組織・構造などについて言及した研究はほとんどなく、寺社の内側から寺社社会を捉えようとした研究は少ない。こうした研究状況は、近世鎌倉の寺社についても同様であり、『鎌倉市史』の刊行により、ようやくその一部が解明されたに過ぎない。

こうした近世の寺社研究の現状を踏まえ、中世には権威・権力をもち、鎌倉という地域において有力な勢力であった寺社が、外的環境の変化、外部からの影響を受け、どのように変容し、近世社会の枠組みのなかで存続していったのか、とくに寺社内部からの視点で研究することが必要であると考える。

本書は、鎌倉寺社が、近世に入り、江戸幕府のなかに位置づけられ、また、近世社会のなかで他者とどのように関係を生成し、展開していったのか、そして、寺社内部にどのようなシステム・制度を構築し、運用していったのか、これらを考察することを通じて、その一部であるが、近世の鎌倉寺社像を明確にすることを目的とし、以下六本の論文から構成した。

中野達哉「豊臣秀吉・徳川家康の鎌倉寺社政策―両政策の異質性と家康の関東領国整備―」は、天正十八年（一五九〇）七月の小田原北条氏滅亡後に行われた両人の鎌倉寺社政策を取り上げたものである。鎌倉の寺社のうち「四ヶ所」と称された鶴岡八幡宮・建長寺・円覚寺・東慶寺（松岡）に対する豊臣秀吉・徳川家康の寺社領保護政策のあり方の相違を検討し、徳川家康は、基本政策としては「四ヶ所」を保護するという豊臣秀吉の寺社政策を引き継ぐが、領国整備のなかでそれを変質・拡大して独自性を出し、武家支配の枠外にあった寺社勢力を領国支配の内部に組み込み、近世的な秩序のもとで寺社領を保護し、支配下におこうとしたことを明らかにしている。

中村陽平「御朱印地配分からみる近世鎌倉寺社領の成立と構造」は、鎌倉寺社の朱印地設定およびその朱印配分形成の問題から、豊臣秀吉と徳川家康の寺社領政策、朱印地・朱印配分の構成要素などの基礎的分析を行ったものである。近世期の鶴岡八幡宮・建長寺・円覚寺・東慶寺の「四ヶ所」の朱印高は、天正十八年（一五九〇）に秀吉に提出した「寺社領指出」が追認安堵され形成されたものである。この「寺社領指出」は、中世来、寺社や塔頭が有する寄進高で、これらが合算され朱印高となり、その内訳が朱印配分として成立した。その後、家康は寺領の替地や朱印高の削減を図るが、朱印配分については秀吉期のものを踏襲する。その点で、天正十八年の「寺社領指出」こそ、近世期の鎌倉の朱印高・配分を規定したものと評価する。加えて塔頭は、本山の朱印地配分の内とされたことにより改めて本山―塔頭関係を確定させたことを指摘する。

澤村怜薫「近世臨済宗建長寺派における在地寺院の編成」は、臨済宗建長寺派における本末体制と触頭制度の動向に留意しながら在地寺院の編成について検討を試みたものである。十八世紀半ば前後までに本末帳の記載と在地寺院の実態の乖離が解消されてゆくことによって、確定した本末・配下関係に基づき公儀触れ巡達経路も整備され、幕府の寺院統制政策が在地寺院にまで浸透していった。このように在地寺院の編成は一見成熟を遂げたようにみえるが、それらを受容し、さまざまな役割を担った小本寺層には矛盾と捉えられる一面が新たに生じ始める。ここに、建長寺派寺院における従来の本末・配下関係と深く関わる公儀触れ巡達体制における限界が表出しているのであり、建長寺常住や諸塔頭らは、本末制度と触頭制度の論理矛盾の解消と体制の転換を突きつけられることになったことを指摘する。

鈴木雅晴「近世における建長寺の寺院経営と祠堂金貸付」は、鎌倉五山第一位の大寺院である建長寺において行われた祠堂金貸付の実態を、その寺院運営機構と財務状況との関連から分析を行ったものである。建長寺では、有力檀越の寄進によって蓄積された祠堂金の体系的かつ組織的な運用が十七世紀末に開始された。それは建長寺を構成する塔頭に対して貸付けられたが、各塔頭の経営を保全しながらも建長寺の維持運営費を確保するための貸付仕法をとって実施され、近世後期に民間を対象に展開された高利貸金融的な寺社名目金貸付とは様相を異にする内容であったことを明らかにした。さらに、建長寺の運営にかかる収支を分析し、総支出に対して幕府に安堵された寺領からの収益の寡少さを明示し、祠堂金貸付が収入の脆弱性を補完する意義をもって実施されたことを指摘した。

保垣孝幸「近世における鎌倉寺院と江戸―建長寺江戸宿坊の機能と役割を中心に―」は、建長寺が江戸市中に置いていた宿坊に着目し、その実態の解明を試みたものである。徳川幕府が成立し江戸が首府となると、建長寺を初めとする鎌倉寺院も江戸との関係を緊密に保持せざるを得なかった。鎌倉と江戸、この地域的に隔たった両者を結ぶ役割を担ったのが江戸宿坊である。本論文は、実際に建長寺がどのように宿坊を利用していたのか、丹念に分析することでその機能や役割について明らかにしている。また、こうした宿坊が、江戸町人の手によって維持・管理が図られていたことも明らかとなった。この点については、武家や町家・寺社が混在、併存していた江戸という地域を考える上で、非常に示唆的な内容を含んでいると考えられる。江戸宿坊は、従来あまり注目されてこなかったが、新たな視点を打ち出したものである。

江尻恵子「鎌倉周辺における異国船来航と寺社の対応―近江多賀大社の配札と鎌倉五山の祈禱を中心に―」は、幕末期の異国船来航時における鎌倉周辺での寺社の対応を、寺社が執り行った祈禱に焦点を当てて考察したものである。近江多賀大社は彦根藩の相州警備に乗じて、相模国・下野国・武蔵国の彦根藩領やその周辺の村に祈禱札を配ることで、関東での信仰を広めようとした。その後、ペリー一行が相州湾沖に姿を現し国交を求めると、鎌倉の寺院は、幕府や藩への対応を迫られるようになる。鎌倉五山では、目前に迫る危機に対しての祈禱を行ったが、将軍家への祈禱札献上一件を通して、それは五山が幕府や将軍家との結びつきによりなされたものであることが、明らかになった。つまり、同じ異国船来航に対する祈禱であっても、その方向性は寺社によって異なっていたのである。

鎌倉寺社の近世についての研究は、中世とくらべると、まだ緒に就いたに過ぎない。本書では六本の論考を掲載したが、ごく限られた視点からの研究にとどまっている。今後、時代が代わるなかで、多様な姿をみせる鎌倉寺社について研究を深化させることが必要と考える。

目　次

豊臣秀吉・徳川家康の鎌倉寺社政策
―両政策の異質性と家康の関東領国整備―

中野　達哉

はじめに

天正十八年（一五九〇）、豊臣政権による小田原攻めにより小田原北条氏が滅亡したのち、徳川家康が関東に転封となり、ほぼ北条氏の旧領に相当する二四〇万石余等を支配することになる。この時期の徳川氏の政治・権力について、藤野保は、独自な領国を形成し、のちの幕藩体制の素形をつくったとする(1)。また、川田貞夫は、徳川氏の関東への転封、上級家臣の配置に豊臣政権の意図がみられ、豊臣秀吉による介入があり、対奥州政策の一環として捉えている(2)。和泉清司は、関東転封時の知行割は、豊臣大名としての際限なき軍役に対応するとともに、豊臣政権と対抗しうる領国体制を形成しようとしたもので、臨戦下の非常時の体制であるとしている(3)。このように、当時の政治状況を踏まえ、豊臣政権との関連から徳川氏の権力の性格が捉えられているが、こうした豊臣秀吉の徳川領国への介入については、鎌倉寺社への保護政策にもみられる。

豊臣秀吉は、小田原攻めののち、奥州平定へと向かう途中に鎌倉に立ち寄り、鎌倉の寺社に対して保護政策を打ち出す。自ら徳川領国とするとしたにも拘わらず、寺社の保護を命じた豊臣政権の意図について、徳川領国への政治的介入の是非の問題も含めて、以下のように位置づけられている。

村上直は、家康の関東入部に際し、鶴岡八幡宮・建長寺・円覚寺・東慶寺の寺社領について旧領を改めないよう家康の奉行に指示を与え、関東の在地支配について、伊奈忠次を通じて積極的に掌握しようとしたとし、関東領国支配への豊臣秀吉の介入として位置づけている(4)。

これに対し、神崎彰利は、豊臣秀吉・徳川家康の寺社政策の連続性・非連続性について言及しようとしている。氏は、秀吉や家康の対寺社政策から、鎌倉の寺社ならびに寺社領のあり方は特例であるとし、秀吉は検地打出分も寺領としようとしたと、寺社に対し妥協的と捉えているが、「家康は、秀吉の意図に反して寺社領を削減している。秀吉の政策を伝統をもつ寺社への妥協と思われるかもしれないが、これを前段階として家康との間には連続した筋ができていたと思われなくもない」と述べている。つまり、家康の政策は秀吉の意図に反しているとしながらも、それは鎌倉寺社への政策の段階的相違であり、秀吉を前段階と捉えることにより連続性の可能性もあるとしている。氏の言説は、豊臣秀吉と徳川家康の鎌倉寺社への政策に連続性があるのか断言せず、どちらともとれるものであり、それぞれの政策の位置づけが最終的には曖昧なものとなっている(5)。

また、『鎌倉市史』近世通史編(6)では、豊臣秀吉・徳川家康の寺社政策について次のように位置づけている。

天正十八年八月二十二日に豊臣秀吉が発給した朱印状が、旧来の所領安堵、国並検地による打ち出し分の安堵、門前屋敷の支配、国役免除を内容とすることなどから、「秀吉は鎌倉の寺社のなかでもとくに鶴岡八幡宮・建長寺・円覚寺・東慶寺を優遇することで、有力な旧来の寺社勢力を牽制する一方、これらに対する政策を家康に実施させていくことによって、家康を秀吉の一大名として位置づけていった。そして、このことは鶴岡八幡宮・建長寺・円覚寺・東慶寺にとっては、豊臣秀吉の朱印状を家康の政策に勝るものとして位置付け、秀吉によって認められた特権を江戸時代を通じて主張し続ける重要な根拠とし、家康にとっては、他の地域と異なった特殊な支配を鎌倉に対して行わなければならない原因となるのである」としている。しかし、一部の寺社に朱印状を発給することが寺社勢力への牽制となるのか、何を牽制しようとしたのか、そして、有力な旧来の寺社勢力に対する政策を実施させることで、家康を一大名としての位置づけることになるのだろうか、過大評価であり、他の地域と異なった特殊な支配を行わなければならない原因となったと位置づけることには同意しがたい。

また一方で、徳川家康の寺社領画定については、天正十九年閏正月、鎌倉一〇か村に検地を施行し、その結果を踏まえて、散在していた寺社の所領を替地により鎌倉一〇か村に集中させ、鎌倉代官ら家臣により寺社の配分を確定し、同年十一月に寄進状を発給したと、その経緯を確認するにとどまっている。豊臣秀吉と徳川家康の鎌倉寺社への政策について順を追って述べるのみで、本稿の関心である豊臣秀吉・徳川家康の寺社政策の連続性・継承の有無や相違点については言及せず、政策の位置づけがされていない。

曽根勇二は、関東における豊臣軍による占領政策が最も明らかな例として、玉縄城（あるいは鎌倉）周辺で豊臣軍がどのような占領政策を打ち出していったのか分析し、①四月付での禁制＝早くから鎌倉の寺社の保護を検討し、②八月二十二日朱印状によって鎌倉四寺社の「当知行」安堵と検地における増分領知を承認し、豊臣秀吉の朱印状を家康の政策に勝るものとして位置づけ、家康が特殊な支配をしなければならない原因となったとする『鎌倉市史』の見解を踏襲している。また、八月二十二日は、奥羽から京都への帰洛中、秀吉が関東におけるさまざまな施策を各地へ指示した日であり、関東の諸大名らの「知行地はほぼ確定」し、「最後に残った関東足利家や鎌倉の社寺の処遇について、豊臣政権がその処置を決定」したとする斉藤司の見解を引用している。そして、③天正十九年五月十四日の徳川家康宛の豊臣秀吉朱印状から、造営を徳川方へ単に任せただけでなく、鶴岡八幡宮の造営に当初から豊臣方が大きく関与したとし、豊臣政権の寺社保護は占領軍としての寺社領の保護であり、侵攻軍として豊臣方がその権力を広域的に反映させたものであったとする。(7)また、曽根は、『片桐且元』(8)において、占領政策として鎌倉四寺社を領知安堵し、鶴岡八幡宮の造営を進め、造営への関与＝個別の徳川領国に対し、当初から豊臣方は中央政権として大きく関与したものと位置づけ、鎌倉寺社政策を占領政策として捉えているが、豊臣・徳川両氏の関係には言説しておらず、豊臣政権の寺社政策の内実に触れず、徳川氏との関係が不明である。

以上の研究史を踏まえ、本稿では、豊臣秀吉による鎌倉寺社への保護政策の過程を追い、それを受けて実施された徳川家康の鎌倉寺社への施策を捉え、豊臣政権の徳川領国への介入のあり方と、徳川氏の関東領国整備のなかでの徳川氏の鎌倉寺社への対応について探り、両者の異質性を捉え、徳川氏、ひいては幕府の寺社政策を位置づけることを目的とする。

一　豊臣秀吉の鎌倉寺社保護政策

まず、小田原攻め以降の豊臣秀吉の足跡を確認しておこう。天正十八年（一五九〇）七月五日北条氏直が降伏し、翌六日には小田原城開城、十三日には豊臣秀吉が小田原城に入城し(9)、このとき、徳川家康の関東転封が正式に発表されたという。(10)その後、豊臣秀吉は、奥州征討のため、十七日に小田原を出立し、その途次、鎌倉に立ち寄っている。(11)そして、会津までおもむき、帰洛の途中八月二十日に駿府に到着することになる。(12)

豊臣秀吉は、小田原攻めに際し、北条氏領国下の寺社などに禁制を発給しており、鎌倉の寺社に対しては、表1にあげたものが確認される。禁制は、各地の寺社からの働きかけのもとに発給されたといわれるが、鎌倉や周辺におい

表1　天正18年鎌倉寺社宛て豊臣秀吉禁制一覧

	年月日	宛所	文書名	掲載書	巻―頁	番号	備考
1	天正18年卯月	鎌倉鶴岡八幡宮	鶴岡八幡宮文書	鎌倉市史	史料編一-八六	一三四	
2	天正18年4月	鎌倉　宝戒寺	宝戒寺文書	鎌倉市史	史料編一-三三八	四七〇	木札
3a	天正18年卯月	鎌倉二階堂郷中　覚園寺　柄(荏)柄天神　随泉寺　西御門　宝戒寺　浄光明寺　以上六ヶ寺	宝戒寺文書	鎌倉市史	史料編一-三三八	四七一	案文
3b	天正18年卯月	鎌倉二階堂郷中　覚園寺　柄(荏)柄天神　随泉寺　西御門　宝戒寺　浄光明寺　以上六ヶ寺	浄光明寺文書	鎌倉市史	史料編一-四四九	五八三	原本
4	天正18年4月	相模国東郡　□□□	青蓮寺文書	鎌倉市史	史料編一-四五三	五八六	
5	天正18年4月	相模国鎌倉　補陀洛寺	補陀洛寺文書	鎌倉市史	史料編一-四五八	五九五	
6	天正18年卯月	鎌倉円覚寺幷諸末寺	円覚寺文書	鎌倉市史	史料編二-三九九	三九〇	
7	天正18年卯月	鎌倉建長寺幷諸末寺中	建長寺文書	鎌倉市史	史料編三-二五〇	二一七	
8	天正18年4月	鎌倉松岡東慶寺	東慶寺文書	鎌倉市史	史料編三-三四三	三三三	
9	天正18年4月	相模国鎌倉内　明月院幷諸末寺共	明月院文書	鎌倉市史	史料編三-三九四	◎	
10	天正18年4月	相模国鎌倉　感応院	極楽寺文書	鎌倉市史	史料編三-四二四	四四四	
11	天正18年卯月	鎌倉　光明寺幷諸末寺	光明寺文書	鎌倉市史	史料編三-四五六	四八七	
12	天正18年卯月	相模国東郡　大頂寺	大長寺文書	鎌倉市史	史料編三-四六七	四九九	
13	天正18年卯月	鎌倉長谷寺観音	長谷寺文書	鎌倉市史	史料編三-四七二	五〇九	
14	天正18年卯月	相模国鎌倉　長勝寺	長勝寺文書	鎌倉市史	史料編三-四八八	五三四	
15	天正18年卯月	相模国　本覚寺	本覚寺文書	鎌倉市史	史料編三-四九六	五四八	
16	天正18年卯月	相模国比器谷　妙本寺	妙本寺文書	鎌倉市史	史料編三-五一七	五八五	

『鎌倉市史』近世通史編では、一〇寺二社・一郷に下付されたとする（83頁）。
番号欄の◎は、掲載書のまま。番号が付されていない。

ても多くの寺社に対して発給していることが確認できる(13)。
同年七月十七日、鎌倉に立ち寄った豊臣秀吉は、寺社に対して保護政策を打ち出す。そのひとつが、鶴岡八幡宮の修復を命じたものである。

〔史料1〕(14)

鶴岡八幡宮共幷門、何も被成御建立候、其内先かりふき事被仰出候、如前々竹木・茅・縄・人足等罷出、雪下七人院家中・神主・小別当被申次第可在之候、近日御帰陣可被成候条、其已前ニ急度可相勤者也

(天正十八年)
七月十七日

片　市正
直　倫(花押)
早主馬頭
長　政(花押)

三浦
小机
鎌倉　地下人中

発給者の片市正直倫は片桐直倫且元、早主馬頭長政は早川長政であり、豊臣秀吉の家臣として命を受け、発給したものである。史料では、鶴岡八幡宮とその門について建立するとし、前々通り、まず茅葺きのための竹木・茅・縄・人足の供出を三浦・小机・鎌倉の地下人に対して命じている。小田原攻めに際して、関東の諸処の寺社に対して、その求めに応じて発給した天正十八年四月の禁制を除くと、豊臣秀吉が具体的に命じた鎌倉寺社への保護政策を示す初出の史料であり、武家の守護神として崇敬を集めた鶴岡八幡に対して発給されたものである。そして、これと同時期

に、寺社領を安堵していることが次の史料から確認できる。

〔史料2〕(15)

猶以四ヶ所当知之外ハ能々相改、両人判仕進之候

先度鎌倉ニ而被　仰出候八幡領・建長寺・円覚寺・松岡四ヶ所之儀、如前々当知之分惣国御検地被　仰付候間、本之田地無相違可被下旨、御諚候、此等趣自両人可申上旨候、尤参可得御意候へ共、俄奥へ御使ニ罷越候条、如此候、可然様御取成頼存候、恐々謹言

（天正十八年）七月廿三日　　片桐市正（直倫）

早川主馬正（長政）

高力河内守殿（清長）

成瀬伊賀守殿（国次）　御中

これは、天正十八年七月二十三日に豊臣家の片桐直倫・早川長政が徳川家の家臣である高力清長・成瀬国次に対して発給した書状である。その内容は、鶴岡八幡宮・建長寺・円覚寺・松岡（東慶寺）の四寺社に対して、「当知之分」、すなわち現在の寺社領について、検地を行ったとしてもこれまで通り安堵するように豊臣秀吉が定めたことを、新たに鎌倉を支配する徳川家に伝えたものである。そして、文中に「先度鎌倉ニ而被　仰出候八幡領・建長寺・円覚寺・松岡四ヶ所之儀」とみられ、この七月二十三日以前に「四ヶ所」を対象とする保護政策を打ち出していたことが知られる。豊臣秀吉は、小田原城落城以前には、鎌倉には赴いておらず、ここでいう「先度」とは、奥州への途次鎌倉に立ち寄った七月十七日のことを指すと考えられる。

以上から、七月十七日の時点で、小田原攻めの直後、奥州に向かう途次に鎌倉に立ち寄った豊臣秀吉が、鶴岡八幡

宮の造営と鶴岡八幡宮・建長寺・円覚寺・東慶寺の「四ヶ所」の寺領安堵を鎌倉の寺社保護政策として打ち出したことが確認できる。

そして、この片桐直倫らの書状に対する返書が確認できる。次の史料である。

〔史料3〕(16)

鎌倉八幡領幷建長寺・円覚寺・松岡之儀ニ付而、御状・同指出給候、則拙者江戸へ罷越、具家康へ令申候処に、御諚之旨相違不可有之由、伊奈熊三ニ則被申付候、彼御房我々懇比ニ引合申候間、可御心安候、恐々謹言

高力河内

（天正十八年）七月廿六日　清　長判

片桐市正殿

早川主馬正殿御報

この史料は、徳川家康の家臣高力清長が、片桐・早川に宛てて出した返書であり、豊臣秀吉の命令を家康に伝え、家康が検地を統轄する伊奈忠次に対して秀吉の意向を命じたことを述べている。徳川家康が豊臣秀吉が命じた鎌倉の「四ヶ所」に対する安堵政策を実施することを示したものとして位置づけられる。

そして、ここで注目されるのは、鶴岡八幡宮など四寺社に関する「御状・同指出」を受け取ったとしていることで、「御状」とは史料2の書状が相当すると考えられるが、ここでは「同指出」も受け取ったとする。この「指出」とは、一般に寺社領の書上と考えられる。次の史料がそれにあたると思われる。

〔史料4〕(17)

円覚寺幷諸塔頭門徒末寺敷地書立

拾貫弐百文　　鎌倉長窪　　寺家常住
三貫六百文　　鎌倉　　正続院開山塔
壱貫弐百文　　同　　続灯庵
壱貫文　　同　　多福軒
（中略）
壱貫弐百文　　岩瀬之郷　　同（冨陽庵）
三百卅文　　鎌倉　　済蔭軒
七百五十文　　蔵田之郷　　同
（中略、合計一四四貫八四二文）
以上
天正十八庚寅　　周音（鶴隠）
七月十七日　　周栄（春江）
片桐東市正殿

史料4は円覚寺派の瑞泉寺に伝来する案文であるが、円覚寺の周音・周栄が片桐且元に対して差し出した書立で、日付も秀吉が鎌倉に来た七月十七日である。これには、諸処に所在する円覚寺と塔頭・門徒・末寺の所領が書き上げられ、所領高は合計一四四貫文余となっている。そして、徳川家康が天正十九年十一月に安堵した寺領高も一四四貫八三〇文であり[18]、この寺領書立を元に寺領高が定められたとされている[19]。史料3に記されている「同指出」とは、この書立を指しているのであろう。また、後掲の史料6においても「如本帳面」との記述があり、その時点で何らかの土地台帳があったことがうかがえる。十七日に秀吉が四寺社の所領安堵を打ち出した時点で、寺社において寺社領書立が作成されており、その寺領高が把握されていたことも確認でき、これがその後の当知行の基準となったと位置づけられる。

また、次のような史料が確認される。

〔史料5〕[20]

鶴岡八幡領注文

七百貫文	武州 佐々目郷	但座不冷勤行領
五十貫文	鎌倉之内	但御供領
百五十五貫八百廿一文	同所	但供僧幷社人中給分
百十七貫文	三浦之内 大田和郷	但廻御影勤行領
五十貫文	武州 杉田郷之内	但放生会御神事領
弐十貫文	武州 関戸郷之内	但年頭護摩領
弐十貫文	上州 館林之内	但四節御祈念領
拾九貫文	相州 長沼郷之内	但毎月三ヶ度小御供領
弐十貫文	武州 横沼郷之内	但釈迦免
三貫文	相州 屋部郷之内	但灯明領
拾弐貫文	武州 稲目郷之内	同灯明領
三貫三百文	武州 青木郷之内	但御供領之内

都合千百七十貫百廿一文
此外
鎌倉之内十二所村山
三百駄　薪
七月十七日

本史料を収載している『鎌倉市史』社寺編では、天正十八年と比定している。実際に史料の奥をみると、発給者・宛所ともなく、七月十七日という月日のみの記載であるが、史料4と同じ日付であり、社領注文の案文であるということから、天正十八年と比定できる。したがって、鶴岡八幡宮においても史料4でみた円覚寺と同様に、社領書立（社領注文）を作成し、豊臣秀吉に提出したことが推測できる。

他の二寺院については、同様の史料は伝来していないが、こうした寺領書立が他の二寺院においても作成され、秀吉のもとに提出されたことが想定される(21)。

その後、八月二十二日、駿府に着いた秀吉は、円覚寺に対し、次のような朱印状を発給する。

〔史料6〕(22)

寺領事、任当知行之旨被仰付訖、如本帳面全可令寺納候、国並検地之上、出分共ニ可有領知候、幷門前屋敷等可致進退候、国役之儀令免除候也

天正十八
八月廿二日　（秀吉朱印）
鎌倉
円覚寺幷末寺

これは、前掲の『鎌倉市史』でも述べられている通り、円覚寺に対して、旧来からの所領安堵、国並検地による打ち出し分の安堵、そして門前屋敷の支配・国役免除を内容とするものである。さらに「如本帳面」と記されていることから、この朱印状発給時点で安堵地を確定する土地台帳があったことが知られる。それは、先にも述べたように、史料4が相当するのであろう。つまり、天正十八年七月十七日の時点で、円覚寺から寺領書立が提出され（これ以前に豊臣秀吉から提出の指示があったことが想定される）、秀吉は、同日にはその所領安堵の方針を打ち出し、二十二日に具体的に朱印状を発給して、この時点で円覚寺がもつ所領を安堵し、さらに検地による出目の領知を認め、門前屋敷などの支配と国役の免除をも認めたのであった。これとほぼ同内容の朱印状が建長寺（写）・東慶寺にも伝来しており、(23) 鶴岡八幡宮では伝来が確認されないものの、「四ヶ所」に一斉に発給されたものとしてみて良いであろう。

そして、同日付けで豊臣秀吉の家臣山中長俊が伊奈忠次に対して出した書状には、次のようにみられる。

〔史料7〕(24)

鎌倉鶴岡・松岡・建長寺・円覚寺此四ヶ所寺社領、御朱印被成遣候、従最前如被　仰出、於当知行分、有様ニ可有御渡候、検地出米共ニ不可有異儀旨候、員数目録重而可被懸御目候、恐々謹言

山中橘内
長　俊判

（天正十八年）
八月廿二日

伊奈熊三殿
御宿所

（奥）
「御朱印被下時之添状之写」

史料の奥には、「御朱印被下時之添状之写」とみられるが、宛名は伊奈熊三すなわち伊奈忠次となっている。これ

は円覚寺に対して出された添え状ではなく、寺社領安堵の朱印状を発給し、また、この後に実施する検地での出目米を安堵すべき旨を伝え、「員数目録」を見せることを、鎌倉の新たな支配者となった徳川家に対して述べた書状の写しである。この写しが円覚寺の塔頭帰源院に残されていることから、徳川領国となった鎌倉の円覚寺に朱印状（史料6）を発給するに際して、徳川領国となっても豊臣秀吉の保護が貫徹されることを十分に円覚寺に示すために伊奈忠次に宛てた書状の写しを添えて与えたものと考えられる。

そして、ここでは、鶴岡八幡・松岡（東慶寺）・建長寺・円覚寺の「四ヶ所」に朱印状を与えたことが記されており、同様に先にみた史料2・3においてもこの「四ヶ所」が取り上げられており、秀吉の朱印状発給の対象が四寺社であることが確認できる。つまり、豊臣秀吉の鎌倉寺社への保護政策は、鎌倉寺社のなかでも、鶴岡八幡宮・建長寺・円覚寺・東慶寺といった有力な四寺社を対象とした限定された政策であったといえよう。

以上、鎌倉における豊臣秀吉の寺社領安堵は、小田原北条氏滅亡後に実施された最初のものであり、それは、鎌倉のなかでも最有力寺社である鶴岡八幡宮・建長寺・円覚寺・東慶寺の「四ヶ所」のみを対象とした極めて限定的な寺社安堵政策であった。小田原攻めの最中、寺社の安堵を目的として発給された禁制が、寺社からの要請に基づき、諸処に発給されたこととは別次元での、特定の寺社のみを対象とした限定的な安堵政策として位置づけられる。そして、この「四ヶ所」を対象とした寺社政策は、寺社から寺社領の書上を提出させ、それに基づき、「当知行」を安堵し、その「当知行」は、検地を実施して出目米が出てもそれを安堵するというものであり、鎌倉における秀吉の寺社政策は、寺社の所領内部に介入するものではなく、旧来の特権をそのまま全面的に安堵するというものであったと位置づけられる。しかし、この事例は、豊臣秀吉の寺社政策一般には位置づけられないことも同時に指摘しておきたい。鎌倉は、秀吉にとって領国化する地ではなく、秀吉の天下を拡大するために侵攻していった地であり、小田原北条氏そして徳川家康の領国となった、他者の地であったからである。

豊臣秀吉の鎌倉寺社政策は、鶴岡八幡宮をはじめとする四寺社に限定して行われたもので、従来からの寺社領について、自らが介入することはなく、そのまま安堵するものであった。そして、それは検地により出目が出た場合も安堵するというほど、徹底して既成の特権を認めるものであった。このことは、その後の鎌倉の支配者となる徳川家に対しても伝えられ、当時豊臣政権に対して徹底的な服従の態度を示していた徳川家は、秀吉の意向を受け入れる態度を示し、それは一見すると、豊臣秀吉の政策が徳川氏に継承されるかのように受けとめられる。しかし、その一方で、徳川家康は、関東領国の整備にあたり、新たな方針を打ち出していく。その様子を次に見ていこう。

二　徳川家康の寺社政策

関東に転封となった徳川家康は、新たな領国の整備を進め、在地把握に努めた。在地把握に際し、最も重要な政策となったのが検地であり、それは関東に入国した直後より始められた。そして、関東での惣検地は代官頭と言われる伊奈忠次らが中心となり、多くの村々で天正十九年（一五九一）に実施され、同年にはいわゆる検地をはじめ何らかの方法で在地把握が行われた。(25)こうした検地を中心とした在地把握と並行して家臣団への知行割りも行われたが、寺社に対しても、中世以来の由緒を持つ有力な寺社に対しては、その特権の保護政策として、天正十九年十一月に寺社領を寄進する朱印状を領国内の寺社に対し一斉発給することになる。こうした領国整備は、鎌倉の地にも実施される。その経緯を次にみてみよう。まず、鎌倉においても検地の実施が確認されている。それが次の史料である。

〔史料8〕(26)

（表紙）
「天正拾九年辛卯閏正月十八日之打張
相州鎌倉之内十二所之郷御縄打手紙之事
中之郷　円うつし
栗田惣十郎」

立　同所
七拾八間　三郎左衛門分
九間四尺　愛阿弥作
上田合弐反半四歩
（中略）
上田四町半三拾六歩
中田壱町六反四拾三歩
下田弐町四反六拾四歩

この史料は、すでに『鎌倉市史』(27)で紹介されており、天正十九年閏正月に実施された検地を伝える写しである。これをみると、田畑一筆ごとに縦横の間数・品等・反別・名請人が記されている。反別表示には大半小の補助単位が用いられており、同年の徳川氏の検地帳にみられる一般的な反別表示方式となっている(28)。また、名請人も近世初期徳川氏の検地の特徴である分付記載が用いられている。そして、巻末に品等ごとに合計値が示されている。この直後、同年十一月に鎌倉の寺社に宛行われる寺社領安堵の朱印状では朱印高が貫文記載で示されるが、このときの検地では、他地域の多くの村々と同様に反別記載を用いている。鎌倉の地を特別視したのではなく、在地を直接把握する検地においては他の領国内の村々と同様に把握しようとしたことが確認できる。天正十九年十一月の寺社への朱印状一斉発給に際して、寺社領については貫高表示で安堵するが、村々の生産高は、検地の結果に基づき、石高で示され、鎌倉の生産高表示は、村方＝石高、寺社朱印地＝貫高の二本立てとなるのである。

そして、こうした検地を経て、鎌倉での検地を管掌した代官頭彦坂元正は、同年四月に円覚寺に対して寺領の付け替えを実施する。そのときの證文が次の史料である。

〔史料9〕[29]

一鎌倉円覚寺替地渡候村之事

以上百拾三貫弐百五拾文　山内渡候

　此外拾貫二百文　御縄打ニ他所へ入

以上卅壱貫六百廿七文　右之足極楽寺にて渡候

合百四拾四貫八百四拾弐文ハ　前々之高辻

右、先書出ニ任、如此在々ニ有之を弐ヶ所へ寄、渡置申候、何時も　御判刑(形)頂戴之上、此一札者拙者方へ返し可被下者也、為後日如件

(天正十九年)卯四月八日　彦坂小刑部(元正)(花押)

円覚寺

　御納所中

この史料は、「前々之高辻」である一四四貫八四二文の寺領について、山内村で一一三貫二五〇文、極楽寺村にて

三一貫六二七文の二か所にまとめて渡したことを示しており、寺領の集中が図られたものであることは、すでに『鎌倉市史』(30)においても指摘されている。ここでは、まず、山内村で寺領が渡されたが、同時に山内村の一部が「御縄打」の結果に基づき、他領となったことが指摘できる。徳川氏が検地により山内村を把握したことがみられるのである。そして、この時期に替地を行ったことには、もうひとつの意味があると考えられる。それは、この直前閏正月に十二所村で検地が確認されているように、徳川氏が検地を実施した上で、新たな寺領を再設定したことである。つまり、徳川氏が在地・寺社領を把握した上で、寺社領を寄進していることになるのである。これは、豊臣氏が行った寄進の方式とは大きく異なる。豊臣氏は、内実を把握しないまま、寺社からの申請に基づいて従来からの寺社領をそのまま安堵し、さらには検地を行い出目が出たとしてもそれまでも安堵しようとしたのであったが、徳川氏の寺社領安堵は、寺社領の実状を一旦把握した上で行おうとしたものであったと位置づけられる。それは、豊臣氏の寺領安堵政策の内なる変更であり、ここに豊臣・徳川両者の異質性が見られることが指摘できる。

こうした方式は、明月院についても確認できる。

〔史料10(31)〕

一、卅弐貫三百四十四文　　明月院

此内

田　しやく前

六貫五百六十壱文　　常明寺分

田　同所

九百四十五文　　小野分 五大堂拘ル

（中略）

合卅弐貫三百四十四文

天正十九辛卯八月八日

萩原越中守（花押）

大蔵孫七郎（花押）

清田藤右衛門（花押）

明月院

この史料もすでに『鎌倉市史』(32)によって紹介されている。そこでは、天正十九年七月二十八日時点では「参拾壱貫文　東郡之内　明月院」とみられ、また、『小田原衆所領役帳』には、明月院は「卅一貫九百七十文　東郡　岩瀬之内今泉」とあることから、中世末から天正十九年七月段階においては、明月院領は、鎌倉一〇か村のうちではなく、岩瀬郷今泉にあり、史料10により、天正十九年八月に明月院に対して寺領配分書上を下付し、明月院領を明示して寺領を画定したとしている。

ここで注目されるのは、史料10では鎌倉代官とされる(33)萩原越中守らが、各字の土地を書き上げて寺領を提示していることである。同史料には、しやく前・二ツはし・地蔵わき・寺前・おか松・あかし・せき上・地蔵前・ちやう楽・たい・はんは・なゝまかり・うき宮・いなりかうし・たいせき上・たけのうしろ・とうけ・うし山(カ)・泉谷・杉谷・こほう内・なえといった字名が見られるが、十二所村には二ツ橋・稲荷小路・馬場・和泉ヶ谷・明石・七曲といった字名が残っており(34)、両者のなかに一致する字名がみられ、この時点で書き上げられた地が当然のことながら、岩瀬之内今泉ではないことが確認できる。これにより、建長寺塔頭の明月院領においても、それまでの寺領ではなく、在地を把握した上で全く別の十二所村の一部を新たに寄進する方式で、特権の付与が実施されたと捉えられる。

以上、円覚寺と建長寺の塔頭であった明月院の事例から、豊臣秀吉が保護しようとした寺院に対し、ともに徳川氏が在地を把握した上で、あらためて寺社領を寄進したものと捉えられる。そして、徳川氏は、天正十九年十一月に関東の領国内の有力な寺社に対し、朱印状を一斉に給付し、寺社領を寄進しているが、そのなかにこれら四寺社も含まれている。

領国内の有力な寺社への特権付与として、天正十九年十一月徳川家康が領国内の有力な寺社に対して寺社領を寄進した朱印状のうち、建長寺に宛てたものが、次の史料である。

〔史料11〕(35)

建長寺

相模国小坂郡鎌倉内
六拾参貫六百文余　　小町村
参拾弐貫二百四十文　十二所内

右、如先規令寄附訖、弥守此旨、仏法相続、不可有怠慢之状、如件

天正十九年辛卯十一月日　正二位源朝臣(徳川家康)御直判

このときの寺社領の寄進についてみてみると、鎌倉では、表2にみられる二四か寺社に対して寺社領が寄進されている。そして、豊臣秀吉が保護しようとした四寺社以外の寺社をみると、いずれも、貫高で寺社領が寄進されている。このことは、秀吉時に「四ヶ所」に対して採用していた規格(貫高)を鎌倉に全面的に展開したものとして捉えられ、特権的な「四ヶ所」の平準化であり、他の鎌倉寺社と同等の扱いを行ったものとして位置づけられる。つまり、豊臣秀吉により、鎌倉の寺社のなかでもとくに特権化された「四ヶ所」を鎌倉の有力な寺社のひとつとして再編成

し、徳川領国の近世的な秩序のなかでの寺領安堵したもので、このことは、豊臣政権の「四ヶ所」に限定した保護をそのまま継承したものではないことを意味している。

表2　鎌倉の朱印寺社一覧

村	寺社	朱印高
雪下村	鶴岡八幡宮	840貫文余
山之内村	建長寺	95貫900文余
山之内村	円覚寺	144貫830文
山之内村	浄智寺	6貫100文余
山之内村	東慶寺	112貫380文
大町村	祇園天王社	5貫文
大町村	妙本寺・武州本門寺	1貫200文
大町村	本興寺	550文
大町村	長勝寺	4貫300文
大町村	安養院	1貫600文
大町村	別願寺	2貫500文余
小町村	本覚寺	12貫200文
小町村	宝戒寺	9貫600文
小町村	大行寺	7貫200文
扇ヶ谷村	荒神社	1貫文
扇ヶ谷村	寿福寺	5貫200文
扇ヶ谷村	浄光明寺	4貫800文
扇ヶ谷村	荏柄天神社	19貫200文
扇ヶ谷村	覚園寺	7貫文余
浄妙寺村	浄妙寺	4貫300文
浄妙寺村	報国寺	13貫文
材木座村	光明寺	10貫文
長谷村	長谷観音	2貫文
極楽寺村	極楽寺	9貫500文

寛文５年の朱印寺社（『神奈川県史』通史編２）

おわりに

天正十八年（一五九〇）七月の小田原北条氏滅亡後に豊臣秀吉が行った鎌倉の寺社への保護政策については、これまでの研究においては、徳川領国下ながら豊臣政権が寺社領の保護に介入したとされ、これをもって、豊臣政権下の一大名として位置づけていったとされてきた。しかし、天正十八年七月十七日の段階で命じた鶴岡八幡宮の修復（史料1）について、翌十九年五月には豊臣秀吉が徳川家康に命じた旨を記した下知等を出している(36)。このことは、鎌倉の寺社の今後について、豊臣政権が直接関与するのではなく、徳川家康に任せることを示す姿勢の表れのひとつとして捉えられよう。それは、徳川家康の一円的な領国統治を認めることであり、そのもとに鎌倉の寺社も組み込まれることを意味している。そして、実際に、豊臣政権・徳川氏と二段階で寺社領保護政策（寄進）が実施されていたことが確認でき、その寺社領保護政策は、それぞれ以下のような性格をもつ。

まず、豊臣政権の寺社領保護政策であるが、天正十八年八月二十二日、「四ヶ所」に対し朱印状を発給し、そこでは、旧来からの貫高制を採用し、寺社に所領を書き上げさせ、本帳を作成して安堵していることがみられる。つまり、旧来の寺社領をそのまま安堵したものとして位置づけられる。この寺社領保護政策は、「四ヶ所」に限定された手厚い保護政策であり、寺社領の内実を把握しないままの保護、寺社が支配の枠外に存在することを認めたものであった。こうした方法がとられた背景には、小田原攻めという東国への侵攻過程において実施されたということ、さらには、平定後は徳川領国となることを決定していたなかで実施された政策であり、侵攻地への一過的な性格をもっていたことがあったのである。その意味においては、若干いい過ぎの感もあるが、侵攻時に関東各地に発給された豊臣秀吉の禁制と同質であったと捉えられよう。そして、中世より武家の信仰をあつめた鶴岡八幡宮、臨済宗においては鎌倉五山が存立していたが、このことは、戦国末には、そのうちの「四ヶ所」のみが、他とはかけ離れた特別な位置にある鎌倉の有力寺社として捉えられていたことを物語っている。

これに対し、徳川家康の寺社領保護政策は、天正十九年初めに、惣国検地を実施し、その上で、同年十一月、領国内の寺社に対し、所領寄進の朱印状を一斉発給している。そこでは、所領の移動（替え地）も実施されており、実施にあたっては一旦徳川氏が検地による在地把握を行っており、それまで武家支配の枠の外にあった寺社領に介入したものであり、領国支配の枠組みのなかに組み込んだものとして位置づけられる。そして、鎌倉の寺社に対して貫高制を全面的採用していることは、鎌倉の寺社に対して基準を一律化したものであり、貫高制の一般化を狙った、すなわち「四ヶ所」だけの特権（特別扱い）を否定したものとして捉えられる。徳川氏の寺社領保護の方法は、在地（寺社領の内実）を把握した上で、改めて寺社領を下付したものであり、領国の一部に存在する寺社として有力寺社を支配下に置いた政策として位置づけられる。

つまり、徳川家康は、基本政策としては「四ヶ所」を保護するという秀吉の寺社政策を引き継ぐが、領国整備のなかでそれを変質・拡大させ、独自性を出していったのであり、武家支配の枠外にあった寺社勢力を領国支配の内部に組み込むという近世的な秩序のもとで寺社領を保護し、支配下に置こうとしたのであった(37)。

註

（1） 藤野保『幕藩体制史の研究』（吉川弘文館、一九六一年、新訂版一九七五年）、ほかに北島正元『江戸幕府の権力構造』（岩波書店、一九六四年）。
（2） 川田貞夫「徳川家康の関東転封に関する諸問題」（宮内庁書陵部『書陵部紀要』一四、一九六三年）。
（3） 和泉清司『徳川幕府成立過程の基礎的研究』（文献出版、一九九五年）。
（4） 村上直「近世初期、関東の支配体制」（村上直編『論集関東近世史の研究』名著出版、一九八四年）。
（5） 神崎彰利「相模国寺社領の成立」（村上直編『論集関東近世史の研究』名著出版、一九八四年）。
（6） 『鎌倉市史』近世通史編（吉川弘文館、一九九〇年）八四～八五頁、九〇～九一頁。

（7）曽根勇二『近世国家の形成と戦争体制』（校倉書房、二〇〇四年）第一部第一章「秀吉政権の東国侵攻」、初出「豊臣政権における東国侵攻について」（『横浜市歴史博物館紀要』創刊号、一九九六年）、ただし、伊奈忠次宛山中長俊の書状を朱印状の添え状として扱っているが、伊奈へ宛てたものである。

（8）曽根勇二『片桐且元』（吉川弘文館、二〇〇一年）。

（9）「家忠日記」（駒澤大学図書館蔵）など。

（10）北島　前掲註（1）。

（11）中村孝也『徳川家康文書の研究』中（日本学術振興会、一九五九年）。

（12）藤井譲治編『織豊期主要人物居所集成』（思文閣出版、二〇一一年）。

（13）前掲註（6）『鎌倉市史』近世通史編（八三頁）では、「このような禁制が発給されたことで、秀吉は小田原落城を待たずして後北条氏領を支配下に治めたことを示したのである」としているが、戦時下の禁制の発給が支配下に治めたことにはならないであろう。

（14）『鎌倉市史』史料編一（吉川弘文館、一九五八年）所収、一三五号文書（鶴岡八幡宮文書）。

（15）『鎌倉市史』史料編二（吉川弘文館、一九五六年）所収、四七五号文書（帰源院文書）。

（16）前掲註（15）『鎌倉市史』史料編二所収、四七六号文書（帰源院文書）。

（17）『鎌倉市史』史料編三（吉川弘文館、一九五八年）所収、三〇五号文書（瑞泉寺文書）。

（18）表1参照。前掲註（15）『鎌倉市史』史料編二所収、三九三号文書（円覚寺文書）。

（19）神崎　前掲註（5）参照。

（20）『鎌倉市史』社寺編（鎌倉市、一九五九年）所収、鎌倉市　後藤俊太郎氏所蔵文書。

（21）建長寺については、片桐且元に宛てた辛卯七月二十八日付けの「建長寺御朱印配分之控」と七月二十八日付けの「巨福山御朱印之覚」が現存するが、ともに写しであり、また、発給者・内容にも疑問が残るので、本稿では分析の対象としなかった。なお、本書所収中村論文において言及しているので、参照されたい。
（22）前掲註（15）『鎌倉市史』史料編二所収、三九一号文書（円覚寺文書）。
（23）天正十八年八月二十二日　豊臣秀吉朱印状案（折紙）（前掲註（17）『鎌倉市史』史料編三所収、二一八号文書、建長寺文書）・同年月日　豊臣秀吉朱印状（折紙）（前掲註（17）『鎌倉市史』史料編三所収、三三四号文書、東慶寺文書）。
（24）前掲註（15）『鎌倉市史』史料編二所収、四七七号文書（帰源院文書）。
（25）拙著『近世の検地と地域社会』（吉川弘文館　二〇〇五年）。
（26）『鎌倉市史』近世史料編一（吉川弘文館、一九八六年）所収、一号文書（鎌倉市　堀江家所蔵文書）。
（27）前掲註（6）『鎌倉市史』近世通史編、八五～八九頁。
（28）拙著『近世の検地と地域社会』（吉川弘文館、二〇〇五年）。
（29）前掲註（15）『鎌倉市史』史料編二所収、四七八号文書（帰源院文書）。
（30）前掲註（6）『鎌倉市史』近世通史編、八九頁。
（31）前掲註（26）『鎌倉市史』近世史料編一所収、三号文書（鎌倉市　堀江家所蔵文書）。
（32）前掲註（6）『鎌倉市史』近世通史編、八九～九一頁。
（33）前掲註（6）『鎌倉市史』近世通史編、九〇頁。
（34）『角川日本地名大辞典』一四神奈川県所収「小字一覧」の鎌倉市「十二所村」の項による。
（35）前掲註（17）『鎌倉市史』史料編三所収、二一九号文書（建長寺文書）。

（36）前掲註（14）『鎌倉市史』史料編一所収、一三七・一三八・一三九号文書（鶴岡八幡宮文書）。

（37）近世期に反銭・棟別の免除を求める訴訟が在地より起こり問題化するが、それは、こうした豊臣秀吉と徳川家康の寺社保護政策を非継承的なものとして捉えると、江戸幕府としては、新たな近世的な秩序のもとに鎌倉の寺社および寺社領を保護・統制しているにも拘わらず、在地では中世とほぼ同等の寺社領高の保護や鎌倉での貫高の採用などによって豊臣秀吉が安堵した国役免除を江戸幕府が当然引き継ぐべきものとして捉えているのに対し、幕府は別次元のものとして引き継がなかったことから生起したと位置づけることができる。

御朱印地配分からみる近世鎌倉寺社領の成立と構造

中村陽平

はじめに

本稿は近世鎌倉における朱印地設定、また、朱印地の配分・配当の問題から、鎌倉寺社、特に建長寺の寺院・寺領構造を明らかにするとともに、近世鎌倉の寺社領成立について検討するものである。周知の事実であるが、近世鎌倉一〇か村は、近世社会において一般的な石高ではなく、貫高で把握され、寺社への朱印地もまた貫高で与えられていることが知られる。[1]貫高表記の背景には、「鎌倉」が寺社入会の地であること、天正十八年（一五九〇）の秀吉の朱印状の文言に規定されたためなどいくつかの点が指摘されているが、明確な理由はいまだ詳らかではない。[2]

また、貫高制とは直接には問題を異にするが、建長寺・円覚寺など本山寺院、鶴岡八幡宮などの大寺社は、寺社を構成する塔頭や末寺、院家が本山などの朱印高の配分を受け、各々が寺社領の管理を行っていることが知られている。例えば、寛永寺は寛永十一年（一六三四）の一〇〇〇石の寺領寄進以降、享保三年（一七一八）までに一万一七九〇石の寺領を有するが、それらは霊屋領・本坊領・門跡隠居領・山王御供領・開山堂仏供領・中堂香華領・学頭領・衆僧配当領・役者領・目代領などに配分されている。[3]

一方、高野山では、慶長六年（一六〇一）に家康より安堵された二万一〇〇〇石は、学侶方・行人方にそれぞれ朱印状が出され、学侶方は宗徒中、青巌寺領で九五〇〇石を。行人方へは、奥院・修理料・興山寺領・行人方で一万一五〇〇石の配当を行っている(4)。こうした配分を明らかとする研究以外にも、朱印地のうち学問料など特殊な寄進地について検討した研究なども僅かではあるが見られる(5)。

このように、大寺社においては、寺社を構成する子院、僧侶・社僧・寺社内の役者などの領として、あるいは修復料等に朱印高の配分が行われていたことが明らかとされている。特徴としては、多くが寺社組織に対して朱印地を配当・配分する形をとっている点、また、寄進名目に伴い配分を成立させている点にあろう。

では、鎌倉寺社の朱印高や配分については、現在までどのように評価されてきただろうか。『神奈川県史』『鎌倉市史』では各寺社の配分の内訳を示すとともに、配分塔頭・社人などは実質的には領主であり、本山により小領主的に編成されていたなどの位置付けがなされている。しかし、それ以外では、貫高の数値のみが取り上げられるばかりであるのが現状である(6)。建長寺に限って見れば、建長寺は鶴岡八幡宮・円覚寺・東慶寺に次ぐ朱印貫高しか保持しておらず、江戸時代には衰微・衰退していた、あるいは朱印高のうち本山は朱印高九五貫文中、僅か一〇貫文でしかなかったとする貫高の数量的評価で占められているのが現状であり、その配分の中身、実体について検討の俎上に挙がることは少ない(7)。

以上のように、朱印高の配当・配分については、その内訳こそ明らかにされているが、配分の成立や中身について踏み込んだ検討は必ずしも多いとはいえず、建長寺のように朱印高の額面の評価に留まっていることも多い。しかし、後に見るように建長寺では、塔頭のみならず、末寺へも朱印高の配分を行っており、他寺社とは異なる歴史的背景が想定される。鎌倉寺社、延いては個別寺社のあり方を明らかにする上で、こうした朱印配分の問題を検討することは、寺院組織や朱印高の問題を検討することと同義であり、近世の鎌倉寺社の成立背景や内的構造を明らかにする上で避けて通れない問題であると考える。今後は、その配分がどのような意味を持つのかについて朱印高・配分高の額面的評価に留まらず、各々の寺社配分の内的構造、またその寺社の存立形態に即して位置付けていくことが求められよう。

そこで本稿では、鎌倉寺社領の基本的な朱印配分の検討を通して、鎌倉寺社領の構造、さらにはそこから近世鎌倉寺社領成立のあり方を論じていく。なお、近世初頭の鎌倉における寺領成立については、本書所収の中野論文において明らかにされている。本稿は中野論文の鎌倉寺社領成立の評価に立論している都合、重なる点、またそれ故に評価が異なる点もあるが、本稿ではとくに朱印配分のあり方に留意し、配分寺社と本庵の関係を見通しながら鎌倉寺社領の問題を捉えていくものである。

一　鎌倉寺社領の朱印高と配分

さて、一般的には大寺社と目されている鎌倉寺社であるが、朱印地の配分を行っている寺社はどの程度見られるのであろうか。朱印地配分は鎌倉寺社では朱印寺社二四寺社中、表1の六寺社に確認される。ではそもそも、鎌倉寺社では近世初期にいかなる経緯で朱印地が認められ、配分が設定・形成さ

表1　鎌倉朱印地寺社配分一覧

寺社名	貫高	石高換算	配分
鶴岡八幡宮	841貫121文	1572石8斗9升6合余	20
建長寺	95貫900文余	179石3斗3升3合	13
円覚寺	144貫830文	276石8斗3升5合8勺	16
寿福寺	8貫587文	16石　5升7合5勺	2
浄智寺	6貫140文	11石4斗8升1合8勺	3
浄光明寺	4貫800文	8石9斗7升6合	3

典拠：『神奈川県史』資料編8
＊鶴岡八幡宮社人はさらに配分される

れたのであろうか。中野論文に詳しいが、ここで秀吉・家康の寺領安堵の流れを再確認しておきたい。

1　近世初期鎌倉寺社領の成立

秀吉は、天正十八年（一五九〇）四月、小田原北条氏（以下、後北条氏とする）領国下に禁制を発給したのち、同年八月二十二日に鶴岡八幡宮・建長寺・円覚寺・東慶寺の「四ヶ所」に対して、知行安堵の朱印状を下付している。知行安堵状には「寺領事、任当知行之旨被仰付訖、如本帳面全可令寺納」[8]とあり、「四ヶ所」よりの「本帳面」を受けて知行安堵状が出されたことが知られる。この「本帳面」とは、寄進名目や塔頭の寄進高をまとめ寺社から提出された「寺社領指出」[9]であり、鶴岡八幡宮・円覚寺は七月十七日付のもの[10]が、建長寺は辛卯年（天正十九年）七月二十八日付の史料の写が現存している。そして、この指出に記される寄進名目や塔頭の寄進高がそのまま配分高ともなった。したがって、少なくとも天正十八年七月の「寺社領指出」が現存する、建長寺及び円覚寺は秀吉による知行安堵の時点から塔頭・末寺が朱印の配分を構成する形で成立したのである（鶴岡八幡宮は社領配分）。その後、天正十九年正月、家康による惣国検地、「鎌倉」内への寺領の替地を経て（円覚寺では、四月に替地が明示）、同年十一月には、家康より「四ヶ所」を含めて改めて鎌倉寺社に対して朱印状が発給され、近世鎌倉寺社領の大枠が確定する。

さてここで、秀吉に提出した「寺社領指出」について建長寺のものを確認しておきたい。

〔史料1〕[11]

「（表紙）

建長寺

御朱印配分之扣

建長寺并諸塔頭寄進

一、拾貫文　鎌倉　常　住
一、参拾壱貫文　東郡之内　明月院
一、拾八貫弐百四拾文　鎌倉　龍源軒
一、拾貫百文　同　禅居庵
一、五貫四百文　同　天源庵
一、三貫六拾文　同　千龍軒
一、三貫文　同　宝珠庵
一、六百六拾文　同　龍華院
一、壱貫弐百文　同　雲外庵
一、壱貫文　同　長寿寺
一、弐貫八百文　同　報国寺
一、弐貫五百文　同　閻魔堂
一、壱貫弐百文　同　海蔵寺
一、弐貫文　同　智岸寺
一、壱貫八百文　東郡粟船郷　常楽寺
一、参貫文　武州六浦郷　能仁寺

一、壱貫文　　武州釜裏谷　　東光寺
一、三貫八百文　　　　　　　門前屋敷
以上百壱貫七百六拾文
辛卯（天正十九年）七月廿八日
納所　性学
維那　僧偽（山叟僧潙）
奉行　僧才（仙渓）
片桐市正（且元）殿

当史料は、建長寺の塔頭などが所持していた寺領寄進高を書き上げ、秀吉家臣片桐且元に差し出した史料の写とされる。内容については後に検討を加えるが、史料の性格と年代について明らかにしておく。

従来当史料は、片桐且元へ差し出された建長寺の指出とされるが、本指出は辛卯年七月二十八日付、すなわち天正十九年を取っている。写であるが、円覚寺の「寺領指出」と約一年の誤差があり、天正十八年の本帳面とはいえない。さらに、天正十九年時には鎌倉は家康が管掌しており、片桐が鎌倉に在していたとは考えがたい。先行研究ではこれらの点について何ら指摘を加えていないが、重要な問題である。全容を解明することは困難だが、後の検討に際して基礎的事項となるため、ここで確認しておく。

まず、当史料には、建長寺塔頭天源院に伝わったと思われる別の写が現存している。それには、「辛卯」の干支が記されていない点、「維那僧潙」の名が正しく記されている点など史料1と若干異なる点が見られる[12]。ここから、当史料の作成に際しては、なんらかの原本となった史料が別に存在したこと、その原本には干支が記されていなかった可能性が指摘できる[13]。次にその内容である。詳細は後述するが、指出された各塔頭の寄進高は、家康による惣国検地ののち「鎌倉」内に寺領を移される以前の寄進高を示している。したがって仮に天正十九年に片桐に出された指出であったとしても、その記述内容は、天正十八年の片桐への指出、つまり建長寺の「本帳面」＝「寺領指出」を示しているものと評価できる。

さて話を戻そう。天正十九年家康は、惣国検地ののち「鎌倉」内へ寺社領の替地を行うが、同年八月八日・十三日に鎌倉代官萩原越中守らから、明月院領・海蔵寺領・常楽寺領の寄進地を一筆ごとに書き上げた史料の存在[14]、また、同年七月に鶴岡八幡宮社人加茂氏に対して配分地が明示されていること[15]、さらに、慶長五年（一六〇〇）の建長寺水帳において、各塔頭の配分ごとの土地が示されていることなどから見て、「鎌倉」内への替地の段階で家康により配分ごとの寺社領が一筆ごとに示され、配分が定められたものと考えられる。

2　鎌倉寺院の朱印地の形成と配分

次に秀吉・家康により設定された各寺社の配分のあり方について具体的に見ていきたい。表1から配分寺社は多くの貫高を有する鶴岡八幡宮・建長寺・円覚寺の三寺社が多く、貫高が少ない寺社は配分数も少ないことが分かる。また、多くの貫高を誇る東慶寺は配分がなされていない。鶴岡八幡宮・建長寺・円覚寺は後に検討を加えることとし、ここではその他配分が行われている寺院及び、東慶寺・浄妙寺の朱印地のあり方を確認しておく。

東慶寺は、朱印高永一一二貫三八〇文で、鎌倉で第三位の貫高を誇る。東慶寺は先に見た通り天正十八年の段階で、「寺領指出」が提出されているが、この指出や後世にも配分を記した史料は確認されない。ちなみに、東慶寺は、『新編鎌倉志』に蔭凉軒・青松院・永福院・妙喜庵・海珠庵の各寮舎が確認されるが、こうした寮舎への配分も確認されない[16]。多くの貫高を誇る東慶寺であったが、寮舎への配分はなされず、「東慶寺」として朱印を請けている。恐らく「寺領指出」は他の三寺社とは異なり、内訳（配分）を記したものでは無く、東慶寺として得ていた寄進高を提出したことによるものと思われる。

ところで、こうした家康による「鎌倉」の朱印高はどのように定められたのであろうか。天正十九年、家康より四貫三〇〇文を与えられた浄妙寺を例に確認したい。遡ると浄妙寺は天文十六年（一五四七）に北条氏康より二貫三〇〇文を、天文二十二年には同じく二貫文の寄進を得ている。(17) この両寄進高を併せると、正に秀吉が安堵した朱印高と重なる。このように鎌倉寺社の多くは後北条氏、あるいはそれ以前に寺社が請けていた寄進地が、「四ヶ所」については秀吉により、その他の寺社は、天正十九年十一月、家康の朱印状の発給に伴い朱印地となっていったのである。かかる点は『鎌倉市史』が「普通江戸時代の寺領は北条氏の与えた所領と大差ない」と指摘する通り、基本的には家康も検地を経て土地が伴っていれば、「鎌倉」内への替地後も後北条氏以前の寄進高を認める形で朱印高を設定していったことを示す。(18) この点は、鎌倉寺社に留まらず一般的な寺社への朱印地設定と大差はないと考えられるが、鎌倉は貫高制を取るため、それまでの寄進高と朱印高は数値としても正に同値を取っていたことが明らかとなる。

では、後北条氏の寄進高と朱印高の関係性は配分地、すなわち塔頭や役者などへの寄進高とも重なるのであろうか。この点について、まず鶴岡八幡宮・建長寺・円覚寺以外の寺院について確認してみたい。ただし、結論から述べると、これらの寺院は中世文書を欠くため明らかとはならない。しかし、鎌倉寺社領の全体像を概観する上でも、確認をしておく。なお、「寺社領指出」を提出せず、天正十九年十一月に朱印地を得たこれら寺院がいつの段階で配分を設けたのかは定かではないが、建長寺や鶴岡八幡宮同様、家康により配分ごとに寺領を設定され成立したものと想定しておきたい。

寿福寺は、天正十九年十一月に扇ヶ谷村で五貫二〇〇文、慶安二年（一六四九）十一月、英勝寺建立の際に九段余りの土地を割譲し、その替地として、西御門村で三貫三八七文の朱印地を請けている[19]。朱印配分は、桂蔭庵が七貫五五五文、積翡庵が一貫三二文であり、その他配分を請けていない塔頭として、悟本庵・正隆庵・桂光庵の三庵が存在する[20]。塔頭への配分高と寄進高とを比較したいが、史料的制約から後北条氏以前の寄進との関係は詳らかではない。

浄智寺は、貫高六貫一四〇文。常住一四〇文、蔵雲庵（開山塔）四貫文、正紹庵二貫文の三か所に配分を行っており、未配分の塔頭は確認されない。『新編鎌倉志』では、蔵雲庵の他、正紹庵が「今此一菴ばかりあり」とされ、近世期の塔頭は当庵のみであったことがうかがえる。また、浄智寺は北条氏康より天文十六年、蔵雲庵に対して敷地九〇〇文分を寄進され、同十九年には浄智寺の梵鐘造立のため新たに二貫七〇〇文余を寄付されている。さらに同二十二年、二貫文が加増され合計で五貫七四〇文余となる[21]。史料上ではこの寄進は塔頭に宛てられたものではなく、配分との関係や、それ以前の寄進高との関係は定かではない。

浄光明寺は、貫高四貫八〇〇文、配分は、慈恩院・花蔵院がそれぞれ二貫文、玉泉院が八〇〇文である。浄光明寺も、天文十六年に北条氏康より一貫八〇〇文の地を給せられている。また、当時塔頭の慈恩院は理智光寺を兼務していた都合、理智光寺分として二貫二〇〇文を給されている[22]。判明している後北条氏の寺領と後の貫高を比較すると、一貫文上昇しているがこちらも背景は詳らかではない。

以上、朱印地の配分を行っている三か寺について確認した。併せてここまでをまとめておきたい。

鎌倉寺社のうち、天正十八年に知行安堵を請けた鶴岡八幡宮・建長寺・円覚寺・東慶寺の「四ヶ所」は、秀吉への「寺社領指出」で提出した寄進高が追認安堵され朱印高となった。そのため、「寺社領指出」で書き上げた塔頭・末寺の寺領（寄進高）がそのまま朱印高の配分として成立した。したがって、天正十八年の朱印高や配分のあり方は、その寺社の中世来、少なくとも戦国期の鎌倉寺社領の状況を示していたものといえる。

翌十九年、家康による朱印状発給は、惣国検地を行い、寺社領を「鎌倉」内に集約するものであったが、多くの寺社の朱印高が後北条氏以来の貫高と同一であることから、「四ヶ所」同様、それまで寺社が保持していた寄進高を基調とし、朱印高を設定したものであった。ただし、塔頭の寺領寄進高がそのまま塔頭の配分高となったかは浄智寺・浄光明寺などの史料では判然としなかった。

ところで、家康の鎌倉寺社領政策は、秀吉の政策を追認するのではなく、惣国検地の上、「鎌倉」内に寺社領を移し、改めて寺領安堵を行う、つまり、土地を把握した上での知行安堵であった点が中野論文にて明らかにされている(23)。こうして家康が改めて把握を行った鎌倉寺社の朱印高・朱印地・朱印配分を考える上で、①秀吉・家康の寺領安堵の配分高・配分地の差異、②近世期を通じた配分高のあり方、そして未決着である③塔頭の配分と寺領寄進高の関係、の三点が次の検討課題として浮上する。以上の点を踏まえ、次に鶴岡八幡宮・建長寺・円覚寺の三寺社の配分について確認したい。なお、紙幅の都合、鶴岡八幡宮・円覚寺については概観するに留め、本稿の主対象である建長寺について子細に検討を加えていくこととする。

二　鶴岡八幡宮・円覚寺の朱印配分と構造

1　鶴岡八幡宮

鶴岡八幡宮は、天正十八年(一五九〇)の「寺社領指出」において、一一七〇貫一二一文の寄進高を秀吉に提出し同高の朱印地を請け、翌十九年には家康により八四一貫一二一文の朱印高を得ている。源氏の氏神である鶴岡八幡宮は鎌倉寺社領の中では他を圧倒した貫高を有するが、家康により貫高の大幅な削減を受けていることもまた大きな特徴である。ただし、従来はこの点に注目するあまり、その実どのような社領配分がなされ、いかなる社領が削減対象となったのか、また、どのような配分に変更されていったのかといった分析はなされていない。本稿ではこの点について検討を加えたい。

　では鶴岡八幡宮ではいかなる社領配分が行われたのであろうか。鶴岡八幡宮の配分を知ることのできる史料に、天正十八年の「社領指出」の他に、延宝八年（一六八〇）、貞享五年（一六八八）、安政二年（一八五五）の史料などがある[24]。これらの史料から鶴岡八幡宮の社領配分をまとめたものが表2である。また、配分のうち、社家給分・諸社人について知れるものとして、天和三年（一六八三）[25]の史料や、『新編相模国風土記稿』などが存在する。なお、社人の配分や職務についてはすでに『鎌倉市史』において検討がなされていることから、本稿では社人については配分高の指摘に留め、配分内部には立ち入らないこととする。

　まずは、天正十八年の朱印地となる、「社領指出」から見たい。次の史料である。

〔史料2〕[26]

鶴岡八幡領注文

七百貫文	武州佐々目郷	但座不冷勤行領
五十貫文	鎌倉之内	但御供領
百五十五貫八百廿一文	同所	但共僧幷社人中給分
百十七貫文	三浦之内大和田郷	但廻御影勤行領
五十貫文	武州杉田郷之内	但放生会御神事領
弐十貫文	武州関戸郷之内	但年頭護摩領

弐十貫文　上州館林之内　但四節御祈念領
拾九貫文　相州長沼郷之内　但毎月三ヶ度小御供領
弐十貫文　武州横沼郷之内　但釈迦免
三貫文　相州屋部郷之内　但灯明領
拾弐貫文　武州稲目郷之内　同灯明領
三貫三百文　武州青木郷之内　但御供領之内

都合千百七十貫百廿一文

此他

三百駄　鎌倉之内十二所村山中

七月十七日

「社領指出」では、一一七〇貫一二一文の高を注進状という形で提出する。内訳を見ると「座不冷勤行領」「御供領」など、恐らく社領を寄進された際の名目に即した形で、一二か所の寄進高を書き上げている。このうち、「共僧幷社人中給分」「御供領」「放生会御神事領」は、『小田原衆所領役帳』(27)にそれぞれ同高・同地が確認され、後北条氏による寄進高と考えられる。また、武州佐々目郷に見られる「座不冷勤行領」は、足利尊氏より寄進を受けた「不冷座本地供料所」を示している。(28)

先述の通り鶴岡八幡宮領は家康により、三七六貫一二三文の削減を受けることとなる。加えて、家康による検地、「鎌倉」内への替地に伴い、社領は雪下(一一五貫三〇文)、扇ヶ谷(九八貫八三〇文)、乱橋・材木座(六八貫五五〇文)、本郷(四五八貫九七〇文)、浄明寺(八九貫七〇文)の五か村にまとめられる。本稿では、家康の朱印高削減の理由にまで検討が至らないが、惣国検地を経て実地が確認されない社領や、寄進地に相当しない社領が減ぜられたものと考えられる。かかる背景には武州・上州・相州に広く分布していた鶴岡八幡宮領が戦国期を経た上で散逸していた結果と想定しておきたい。

では、家康により朱印高の削減をうけた鶴岡八幡宮では、近世期にいかなる社領配分をとったのであろうか。次に表2を確認しつつ、天正十八年と以降の配分との差異を指摘したい。

まず、大きな点として、配分の名目が一新されていることが上げられる。「社領指出」では社領寄進の名目ごとに「領」で書き上げられていた二一か所、一一名目の配分を、延宝年間の配分では、二一か所に改めている。具体的には、「神主」や「別当」、諸社人の他、一二の院領など、鶴岡八幡宮を構成するそれぞれの社人などへ配分を与えている。またその他、狭義には配分とは言い難い「浮地」や「不足地」といった名目も確認される。配分高の内訳をみると、神主へ一〇〇貫、少別当へは四五貫、一二の院に対しては、相承院が七〇貫（法華堂領三二貫を含む）、六院が三八貫三九二文宛、五院が三〇貫五五文宛と、一定度定まった額で配分が行われており、機械的な配分が行われたことがうかがえる。

このように、鶴岡八幡宮は家康より朱印を請けた以降に改めて社領の配分を行っている。鶴岡八幡宮は惣国検地後、天正十九年九月に社人に対して配分地が明示されている。鶴岡八幡宮が社領の再配分を行った背景は、家康による「鎌倉」への替地ならびに検地に起因するものと考えられる。つまり、家康による検地は朱印貫高の確定のみならず、配分についても「近世的配分」を確立させる契機となったと評価できよう。そして、こうした配分のあり方は社人や社僧・坊などに配分を与える一般的な朱印高配分・配当のあり方と類似している反面、後に検討を加える建長寺・円覚寺の朱印配分のあり方とは全く異なった仕法であった。

貞享5年(1688)		
内　訳	貫高	備考
八幡宮御蔵納	74貫580文	年中御祈禱入目、諸役人扶持方、その外万事雑用
十二院院領	452貫877文	内7ヶ 院38貫392文宛、5ヶ 院30貫505文宛、法花寺領32貫文
執行役料	4貫	年中座不冷所諸道具費
西御殿司役料	5貫700文	年中御供奉献、内陣御鑰願役料
神主	100貫	
少別当	45貫	内御供料あり
花光坊鏡持役料	640文	
松源院鏡持役料	1貫	
石川役料	2貫952文	
承仕二人役料	24貫340文	内10貫文小御供料護摩支具料
伶人八人役料	21貫 93文	
八乙女八人役料	10貫909文	
職掌八人役料	16貫295文	
小大夫手長役料	2貫754文	
仁王大夫手長役料	2貫 18文	
坂間大夫手長役料	2貫172文	
戸川役料	1貫570文	
神官七人役料	6貫151文	
御膳司岩瀬役料	2貫	
経師役料	1貫198文	
大工二人役料	1貫	
土器師役料	300文	
社領夜番三人役料	4貫735文	
石井役料	150文	
神ノ相撲祓役料	500文	
同	400文	
陪従神人役料	1貫 85文	
陪従榊役料	120文	
火焼役料	500文	
下部役料	1貫770文	
触口二人役料	3貫582文	
御供野菜料	1貫	
長吏役料	1貫500文	
合計	793貫891文	

安政2年(1855)		
内　訳	貫高	備考
神主　大伴山城	100貫	
少別当	45貫	
相承院	70貫	内32貫文は法花堂領
荘厳院	38貫392文	
香象院	38貫392文	
恵光院	38貫392文	
等覚院	38貫392文	
我覚院	38貫392文	
浄国院	38貫392文	
増福院	30貫505文	
正覚院	30貫505文	
最勝院	30貫505文	
海光院	30貫505文	
安楽院	30貫505文	
西御殿司	5貫700文	
同修復領(料)	4貫	
花光院	640文	
松源寺	1貫	
諸社人石川以下不残	110貫806文	
八幡宮御蔵入浮地共	106貫423文	
不足地	14貫675文	差引14貫675文
合計	841貫121文	

表２　鶴岡八幡宮朱印高配分一覧

天正18年(1590)			延宝８年(1680)		
内　訳	貫高	備考	内　訳	貫高	備考
座不冷勤行領	700貫	武州佐々目郷	神主	100貫	
御供領	50貫	鎌倉之内	少別当	45貫	
共僧幷社人中給分	155貫821文	鎌倉之内	相承院	70貫	
廻御影勤行領	117貫	三浦之内大和田郷	荘厳院	38貫392文	
放生会御神事領	50貫	武州杉田郷之内	香象院	38貫392文	
年頭護摩領	20貫	武州関戸郷之内	恵光院	38貫392文	
四節御祈念領	20貫	上州館林之内	等覚院	38貫392文	
毎月三ヶ度小御供領	19貫	相州長沼郷之内	我覚院	38貫392文	
釈迦免	20貫	武州横沼郷之内	浄国院	38貫392文	
灯明領	3貫	相州屋部郷之内	増福院	30貫505文	
灯明領	12貫	武州稲目郷之内	正覚院	30貫505文	
御供領之内	3貫300文	武州青木郷之内	最勝院	30貫505文	
合計	1170貫121文		海光院	30貫505文	
			安楽院	30貫505文	
			西御殿司	5貫700文	
			修復替	4貫	
			花光院	記載なし	
			松源寺	1貫	
			諸社人	93貫920文	
			浮地	105貫344文	
			不足地	23貫280文	
			合計	841貫121文	

典拠：「鶴岡八幡領注文」、延宝８年「鎌倉中寺社領貫目高帳」、貞享５年「鶴岡八幡宮領永高書上覚」（以上、『鎌倉市史』近世史料編１）、安政２年「朱印寺社高反別・除地寺院書上」（『神奈川県史』資料編８）

続いて、近世期の配分の比較から鶴岡八幡宮の配分のあり方を検討する。

延宝・貞享・安政年間の配分を比較すると、貞享年間のものは配分が細分化されていることが分かる。配分名目と貫高を子細に見ていくと、細分化されたものは、延宝・安政の配分に見える「諸社人」「諸社人石川以下不残」の内訳であると分かる。貞享の諸社人の役料をまとめると一一〇貫九四文となり、延宝（約九三貫九二〇文）、安政（一一〇貫八〇六文）と多少の変化はあるが、おおよその貫高は重なる。恐らく社人への配分は、社人の構成などによりその都度役料の変更が行われ、必ずしも定まった額が配分されていた訳ではなかったのであろう。同様に、配分名目の「八幡宮御蔵」（貞享・安政・延宝は「浮地」）は「年中御祈禱、諸役人共扶持方、その他万事雑用」に供されており、年によって多少の前後を見せている。浮地とはその名の通り、鶴岡八幡宮領の必要経費の他、社人への配分の残高などを意味するものと考えられる。

その他、配分には「修復替」「西御殿司」などいくつかの名目が見られるが、各年に同貫高の配分が見えることから、それぞれ同一の配分名目であることが分かる。具体的には、「修復替」（延宝）は「執行役料」（貞享）、「同修復領（料）」（安政）を指し、貞享の記述から、「年中座不冷所諸道具費」代として用いられたことが判明し、「西御殿司」（延宝・安政）は「西御殿司役料」（貞享）を指し、「年中御供奉献、内陣御鑰願役料」のために、また「松源寺」（延宝・安政）は「松源院鏡持役料」（貞享）に用いられたことが明らかとなる。このようにいくつかの年の配分名目を比較することにより、それぞれの名目のみならず、その役割をも明らかにすることが可能となる。

以上をまとめると、鶴岡八幡宮の社領配分は、配分高が固定された神主や別当・院領などへの配分と、社人の構成により変化が見られる社人配分、そしてその他の残額を浮地として利用する鶴岡八幡宮御蔵納の配分で構成されていた。鶴岡八幡宮の配分は、社人や浮地への配分が柔軟に運用されていることから、鶴岡八幡宮自らが主体的に配分の中身を設定・運営していた姿が看取される。

2　円覚寺

続いて円覚寺である。円覚寺は、天正十八年、「寺領指出」において永一四四貫八四二文を提出しており、家康による検地、鎌倉への替地後は、山之内村に一一三貫二一〇文、極楽寺村のうち三一貫六二〇文、計一四四貫八三〇文であり、一二文ほど寺領の削減を受けている。

円覚寺の配分の検討に入る前に、まずは前節で検討が至らなかった、後北条氏による塔頭への寄進高と配分高の関係性を明らかにしておく。円覚寺塔頭の雲頂庵は天文十六年（一五四七）に、後北条氏家臣大道寺盛昌より二貫四八〇文を得ており、[29]「寺領指出」で、鎌倉の内で同額の配分（寄進高）が確認できる。雲頂庵はさらに飯島で一貫文を保持しており（詳細不明）、天正十九年以降は、両者を併せて「鎌倉」内に替地をされ配分を請けている。

同じく塔頭の富陽庵も、後北条氏家臣蔭山家廣より東郡岩瀬郷のうちに一貫二〇〇文分の田を得ているが、[30]「寺領指出」でも同じく岩瀬郷に、後には「鎌倉」内で同額を得ていることが確認できる。史料的制約もあり確認できる事例は多くはないが、塔頭の配分高もまた後北条氏以来の寄進高を「寺領指出」で提出し、それが追認・安堵されたものと考えられる。

塔頭への寄進高＝配分高であったことを確認した上で、次に円覚寺の朱印配分の中身について見ていきたい。円覚寺の朱印配分を確認できる史料は、秀吉への「寺領指出」である天正十八年七月十八日「鶴隠周音等書上案」の他、延宝七年（一六七九）、同八年及び安政二年（一八五五）の史料などがある。[31]これら円覚寺の配分状況をまとめたものが表3である。円覚寺には、家康が寺領を安堵した天正十九年に近しい時期の配分が確認できる史料が存在しないため、時代がやや降った延宝七年以降のものが比較対象となる。

最初に、建長寺・鶴岡八幡宮と比するためにも円覚寺の「寺領指出」を掲載し、その特徴を明らかにしておきたい。

延宝８年	備　考	安政２年(写)	備　考
10貫200文		10貫200文	
3貫600文		3貫600文	
1貫200文		2貫200文	
17貫600文		17貫600文	
記載なし		記載なし	
5貫200文		5貫200文	
1貫100文		1貫100文	
3貫400文		3貫400文	
2貫280文		2貫280文	清蔭庵
3貫480文		3貫480文	雲順庵
48貫570文		48貫508文	
2貫300文		2貫300文	
5貫		500文	
500文		500文	
800文		800文	
38貫		38貫	
配分なし		配分なし	
配分なし		配分なし	
配分なし		配分なし	
配分なし		配分なし	
配分なし		配分なし	
配分なし	記載は「伝昌庵」	配分なし	
配分なし		配分なし	
記載なし		配分なし	方外庵
記載なし		記載なし	
記載なし		記載なし	
記載なし		記載なし	
記載なし		記載なし	
143貫230文		139貫668文	
144貫830文		144貫832文	

諸塔頭支配目録」、安政２年「朱印寺社高反別・除地寺院書上」(以上、
編１)

表3　円覚寺朱印高一覧

塔頭名	天正18年	場所	備　考	延宝7年	備　考
常住	10貫200文	鎌倉長窪		10貫200文	
祖塔庵（正続院）	3貫600文	鎌倉	開山塔	3貫600文	
続灯庵	1貫200文	鎌倉		2貫200文	
仏日庵	17貫602文	鎌倉		17貫600文	
多福軒	1貫	鎌倉		記載なし	
寿徳庵	5貫200文	鎌倉		5貫200文	
潤香庵	1貫100文	鎌倉		1貫100文	
富陽庵	2貫200文	鎌倉		3貫400文	
	1貫200文	岩瀬の郷			
済蔭庵	330文	鎌倉		2貫280文	
	750文	蔵田之郷			
	1貫200文	蔵田之郷			
雲頂庵	2貫480文	鎌倉		3貫480文	
	1貫	飯島			
帰源院	47貫	須崎		48貫570文	
	1貫580文	鎌倉			
天池庵	2貫300文	鎌倉		2貫300文	
松嶺庵	5貫	鎌倉		5貫	
蔵六庵	500文	鎌倉		500文	
桂昌庵	800文	鎌倉		800文	
瑞泉寺	記載なし		十刹	38貫	内2貫文、景福寺え寄附
白雲庵	記載なし			記載なし	
竜院庵	記載なし			記載なし	
正傳庵	記載なし			記載なし	
如意庵	記載なし			記載なし	
景福庵	記載なし			記載なし	
傳宗庵	記載なし			記載なし	
黄梅院	記載なし			記載なし	
芳外庵	記載なし			記載なし	
芳春院	38貫			記載なし	
長寿院	配分なし	鎌倉		記載なし	
宝珠院	配分なし	鎌倉		記載なし	
行堂屋敷弐間有坪帳	600文	鎌倉		600文	名目は「行者」
合計	144貫842文			144貫830文	
朱印高	144貫842文			144貫830文	

典拠：天正18年「鶴隠周音等書上案」（『鎌倉市史』史料編3）、延宝7年「円覚寺領ならびに
『神奈川県史』資料編8）、延宝8年「鎌倉中寺社領貫目高帳」（『鎌倉市史』近世資料

〔史料3〕

円覚寺幷諸塔頭門徒末寺敷地書立

拾貫弐百文	鎌倉長窪	寺家常住
三貫六百文	鎌倉	正続院開山塔
壱貫弐百文	同	続灯庵
壱貫文	同	多福軒
拾七貫六百二文	同	仏日庵
五貫弐百文	同	寿徳庵
壱貫百文	同	潤香軒
弐貫弐百文	同	富陽庵
壱貫弐百文	岩瀬之郷	
三百卅文	鎌倉	済蔭軒
三百卅文	蔵田之郷	同
壱貫弐百文	同	同
弐貫四百八十文	鎌倉	雲頂庵
壱貫文	飯島	同
四拾七貫文	次崎	帰源庵
壱貫五百八十文	鎌倉	同

弐貫三百文　　同　　天池庵
五貫文　　同　　松嶺院
五百文　　同　　蔵六庵
八百文　　同　　桂昌庵
卅八貫文　　同　　芳春院
　　鎌倉　　長寿院
　　〃　　宝珠院
六百文　　〃　　行堂屋敷弐間有坪帳

以上

天正十八庚寅

七月十七日　　周（鶴隠）音

　　周（春江）榮

片桐東市正（且元）殿

「寺領指出」で差し出された寄進高・配分地は、常住・塔頭・寮舎、「行堂屋敷弐間有坪帳」を含めて二四か所の他、寄進高が記されていない長寿院と宝珠院となる。円覚寺は、寺領の多くを「鎌倉」に有していたものの、他にも、蔵田之郷や飯島（現横浜市）など「鎌倉」外にも寺領を保持していたことが分かる。(32)

そしてこれらの「鎌倉」外の寺領は、他の鎌倉寺社と同様に家康により「鎌倉」内に替地が行われる。具体的には、富陽庵（岩瀬之郷）・済蔭庵（蔵田之郷）・雲頂庵（飯島）・帰源院（須崎〔現在の鎌倉市寺分・梶原・山崎一帯に存在した、州崎村）が、山之内村もしくは極楽寺村へ替地となる。あわせて先述の通り円覚寺は、天正十八年と家康に安堵された朱印高では、一二文の削減を見ている。

続いて、表3を用い配分のあり方を見たい。各年の配分を一瞥し理解できる点は、円覚寺の配分は配分塔頭・配分高ともほぼ変化が見られないことである。寺領削減が見られない点と同様に、配分も余り変化を見ないのが円覚寺の特徴であったといえよう。ただし全く変化が見られないわけではなく、いくつかの配分の変更点も見られる。そのうち注目されるのは、天正十八年の段階で三八貫が付与されていた芳春院（詳細不明）が消え、代わりに瑞泉寺に同額の三八貫が付与されている点である。この経緯については、明和二年（一七六五）の『鹿山公私諸般留帳』に、延宝五年の史料が写されている。長文のため必要箇所のみ引用する。[33]

瑞泉寺之儀、無双国師開山ニ而、雖為関東十刹之二番目、致零落　権現様御入国之初、御訴訟申上、円覚寺之塔頭並ニ罷成、寺役等相勤、其上寺領等も円覚寺領壱百四拾四貫八百弐拾文之高之内ニ給御　朱印壱本ニ申請候

当時零落していた関東十刹二位の瑞泉寺の再興について家康に願い上げた結果、瑞泉寺を円覚寺の「塔頭並」に位置付けるとともに円覚寺内の寺領を与えられ、朱印高を「御朱印内一本ニ申請」けたことが分かる。これにより瑞泉寺は円覚寺領の配分内で帰源院に次ぐ三八貫文の朱印配分を獲得している。当貫高は天正十八年の「寺社領指出」にある三八貫文の芳春院がその後見られないこと、その他の配分貫高には大きな変更が見られないことから、芳春庵の貫高を検地による土地の確定、替地の過程で、付け替えたものと考えられる。この芳春庵は関連史料が残されていないためいかなる寺院であったのか、また瑞泉寺といかなる関係であったのかについては管見においては定かではないが、いずれにせよ、円覚寺が家康による鎌倉寺社領政策を契機に、瑞泉寺に円覚寺領の朱印高を付与し「塔頭並」として再興を果たしたのである。このことは、朱印地配分は公儀によりなされたもので、その変更は寺院側が容易に行

えるものではないという認識を、寺院が有していたことを示している。

塔頭配分高の変更についての確認に戻ろう。塔頭続灯庵の寮舎であった多福軒は天正十八年の段階で一貫文を得ていたが、以降の史料ではその姿が確認されない。代わりに本庵である続灯庵が一貫文の増加をみている。多福軒が天正期に廃していたかは定かではないが、続灯庵が多福軒の配分を組み入れた結果によるものといえよう。東慶寺の寮舎が配分を持たなかったように、あるいは寮舎への配分は認められなかったのやも知れない。[34]

他にも、天正十八年に「行堂屋敷弐間有坪帳」（六〇〇文）が、延宝七年には「行者」宛として同額が確認され、行者屋敷高としての配分を請けていたが、延宝八年以降の配分帳からは姿を消すなど細かい変更も見られる。ただし、円覚寺は建長寺や鶴岡八幡宮と異なり家康により朱印高の削減を受けていないため、配分高の変更は、配分塔頭・末寺内での寺領の付け替えや、整理の結果に伴うものと考えられる。

前述の通り、円覚寺の配分高は、配分ごとに寺領を示され設定されたため、配分寺院にとって朱印高同様に認識され、維持されたと考えられる。しかし、それは表向きのことであり、内部では変化・付け替えが発生していた。瑞泉寺の寮舎である景福寺へ「内二貫文、景福寺江寄附」といった記載がみられるのも、配分内ではこうした独自の仕法が行われていたことを示す。それればかりではなく、塔頭の中には一時期廃庵となっている塔頭も確認されるが、その際に配分付け替えの動きや再興を試みようとする動きも確認されない。配分自体は、一貫から三貫ほど―石高に換算すると五石に満たない規模―のものが多く、塔頭であっても、その高のみで寺院運営を賄えるものではなかった。円覚寺の事例から、江戸時代を通じて配分高の額面は維持されるが、半ば形式的・名目的なものとなっており、実際には柔軟な利用が行われていた様が看取されるのである。[35]

三　建長寺領の朱印配分と構造

1　建長寺朱印高の特徴

最後に建長寺の朱印高について検討を加えたい。建長寺は、秀吉より一〇一貫七六〇文の所領安堵を、天正十九年（一五九一）十一月、家康より九五貫九〇〇文余の朱印地を請けている。鎌倉への替地に伴い、寺領は小町村において永高六三貫六〇〇文余、十二所村において永高三二貫三〇〇文を請けることとなる。秀吉の朱印高に比して五貫八六〇文余りの削減を受けている点は、鶴岡八幡宮同様、建長寺の寺領を検討する上で特徴的な事象の一つである。

建長寺においても配分の中身の確認に入る前に、寄進高と塔頭配分高の関係性について、塔頭宝珠庵を例に確認しておきたい。宝珠庵は、天文六年（一五三七）に大道寺盛昌より一〇〇疋を、北条氏康より二〇〇疋の計三〇〇疋の土地を与えられている[36]。宝珠庵は、秀吉への寺領指出には三貫文で提出され、後の家康の配分では一貫文増加し、四貫文を得ている。一貫文の増加理由は不明であるが、一〇文を一疋で算出すれば寄進高と重なる。建長寺塔頭は史料残存状況から宝珠庵以外の事例を確認することができないが（塔頭並の明月院・報国寺は後述）、「寺社領指出」が寄進高の指出という性格上、円覚寺と異なった対応を取ったとも考えがたいことから、塔頭配分は従前の寄進高を安堵されたものと結論付けられる。

それでは、建長寺における配分を確認したい。建長寺の配分を考える上で一つ重要なことは、その配分のうちに明月院（関東十刹一位、禅興寺塔頭）や、報国寺・長寿寺（以上、諸山）・常楽寺・海蔵寺・円応寺など正確には「塔頭」ではない、末寺の有力寺院を数多く取り込んでいる点にある。これは先に見た瑞泉寺を「塔頭並」として朱印地内に組み入れた円覚寺より多く、配分寺院一二寺中五寺、貫高にして四一貫三〇〇文余を末寺が占めていることとなる。こうして考えると、すでに指摘してきたことではあるが、一つ興味深い事実が判明する。従来は建長寺領九五貫余を塔頭や末寺に配分したとするが(37)、見てきた通り、後北条氏以前の寺院塔頭への寄進高をまとめたものが鎌倉寺社の朱印高であった。建長寺ではその中に塔頭のみならず、多くの末寺が持つ寺領をも組み込んでいる。したがって実際には、末寺に対して朱印高を配分したものではなく、末寺が所持していた寺領を建長寺領として組み入れたものといえる。建長寺常住にすればこれに伴い寺領を増加させ、近世期の建長寺を成立させたともいえよう。では、その朱印地配分のあり方、末寺との関係性はどのようなものであったのであろうか。

2　建長寺領配分寺院の検討

鶴岡八幡宮・円覚寺と同様に、配分塔頭と時期による配分地・配分高のあり方と変遷を確認していきたい。建長寺に関する配分をまとめたのが表4である。

まず、先に掲げた天正十九年（推定）の建長寺の寺領指出（史料1）を見たい。当史料では、常住、塔頭七庵、末寺九寺、「門前屋敷」の一八か所、計一〇一貫七六〇文を秀吉に指出している。その中には東郡粟船郷（常楽寺）や武州六浦郷（能仁寺）・釜利谷郷（東光寺）など、「鎌倉」以外の所領を含めて書き上げている。

一方、慶長五年（一六〇〇）の建長寺検地帳では、常住、塔頭九庵、末寺四寺の計一四か所に配分されている。検地帳という性格上、配分が与えられていない塔頭・末寺は記されていないが、延宝八年（一六八〇）に存在する塔頭と比較すると未配分の塔頭が一一庵を数える。家康の寺領安堵に伴い、いずれも十二所村・小町村への替地が行われ、結果として五貫八六文余りの寺領削減を受けているが、それにとどまらず、「寺領指出」で確認された、龍華庵・智岸

延宝7年	延宝8年	享保18年	安政2年(写)	明治3年 寺領所有有無	寺領所在地
10貫	10貫	10貫	10貫	○	小町 (660文)
—	—	—	—	—	—
1貫800文	1貫800文	1貫800文	1貫800文	○	東郡粟船郷→ 十二所
31貫　余	31貫　余	31貫　余	31貫　余	○	東郡之内→ 十二所
10貫100文	10貫100文	10貫100文	10貫100文	○	小町
—	—	—	—	—	—
—	—	—	—	—	—
4貫	4貫	4貫	4貫	○	小町
3貫	3貫	3貫	(3貫)	○	小町
18貫240文	18貫240文	18貫240文	18貫240文	○	小町 十二所
—	—	—	—	—	—
5貫400文	5貫400文	5貫400文	5貫400文	○	小町
—	—	—	—	—	—
—	—	—	—	—	—
1貫800文	1貫800文	1貫800文	1貫800文	○	小町
—	—	—	—	—	—
3貫 61文	3貫 61文	3貫 61文	3貫 61文	○	小町
—	—	—	—	—	小町
—	—	—	—	—	—
—	—	—	—	—	—
—	—	—	—	○	—
—	—	—	—	—	—
—	—	—	—	—	—
2貫800文	2貫800文	2貫800文	2貫800文	○	小町
2貫500文	2貫500文	2貫500文	2貫500文	○	—
1貫200文	1貫200文	1貫200文	1貫200文	○	小町
1貫	1貫	1貫	1貫	×	—
—	—	—	—	—	—
—	—	—	—	—	—
—	—	—	—	—	武州六浦郷
—	—	—	—	—	武州釜利谷
—	—	—	—	—	—
95貫900文余	95貫900文余	95貫900文余	95貫900文		

領・寺社領高書上帳」、享保20年「建長寺領小町村十二所村高水帳」本史料は慶長5年の「建長寺
「円覚寺領ならびに諸塔頭支配目録」(円覚寺文書)、延宝8年「鎌倉中寺社領貫目高帳」(『鎌倉市
資料編8)

表４　建長寺朱印地配分一覧

名称	現在	江戸期	天正19年	慶長５年	享保20年(写)
常住	本山	本山	10貫	660文	—
西来庵	開山	開山	—	—	—
常楽寺	近末	塔頭之列	1貫800文	1貫804文	—
明月院	近末	塔頭之列	31貫	30貫323文	30貫323文 (151文不足)
禅居庵	塔頭	塔頭	10貫100文	9貫 26文	9貫 26文 (904文不足)
玉雲庵	廃絶	塔頭	—	—	—
広徳庵	塔頭	塔頭	—	—	—
宝珠庵	塔頭	塔頭	3貫	4貫	4貫286文 (286文過)
龍峰庵	塔頭	塔頭	—	3貫	3貫　文 (146文不足)
龍源庵	廃絶	塔頭	18貫240文	15貫 72文3分 4貫486文 計19貫558文3歩	19貫702文8歩 (154文不足)
正統庵	塔頭	塔頭	—	—	—
天源庵	塔頭	塔頭	5貫400文	5貫400文	5貫400文 (623文8歩不足)
宝泉庵	廃絶	塔頭	—	—	—
向上庵	廃絶	塔頭	—	—	—
雲外庵	廃絶	塔頭	1貫200文	1貫864文	1貫864文 (64文不足)
回春庵	塔頭	塔頭	—	—	—
千龍庵	廃絶	塔頭	3貫 60文	—	—
雲沢庵	廃絶	塔頭	—	3貫 62文	—
同契庵	塔頭	塔頭	—	—	—
正宗庵	廃絶	塔頭	—	—	—
華蔵庵	塔頭	塔頭	—	—	—
長好庵	廃絶	塔頭	—	—	—
妙高庵	塔頭	塔頭	—	—	—
報国寺	近末	諸山 塔頭之列	2貫800文	2貫800文	2貫800文 (1貫160文不足)
円応寺	塔頭	塔頭之列	2貫500文	—	2貫877文 (1貫文不足)
海蔵寺	近末	諸山 塔頭之列	1貫200文	1貫200文	1貫200文 (235文不足)
長寿寺	塔頭	諸山 塔頭之列	1貫	—	—
龍華庵	廃絶	廃絶	660文	—	—
智岸寺	廃絶	廃絶	2貫	—	—
能仁寺	廃絶	廃絶	3貫	—	—
東光寺	侍真	末寺	1貫	—	—
門前屋敷	—	—	3貫800文	—	—
	計		101貫760文	95貫286文8分	

典拠：天正19年「建長寺朱印領配分帳案」、慶長５年「建長寺水帳」、享保18年「鎌倉十ヶ村幕
水帳」を写したもの、明治４年「地方一件取箇調帳」(以上、建長寺文書)、延宝７年
史』近世史料編１)、安政２年８月「朱印寺社高反別・除地寺院書上」(『神奈川県史』

寺・能仁寺・東光寺・門前屋敷の配分そのものが除かれている。

配分そのものが削減された寺院のうち、東光寺は建仁年間創建の寺院で、創建当初は、鎌倉薬師ヶ谷（現大塔宮）に存在し、その後、応仁年間に釜利谷郷へ移転した寺院である。江戸時代には朱印高を有していないことから、寄進地に相当する土地を保持していなかった可能性がある。

能仁寺は武州六浦郷に所在した寺院で、関東管領上杉憲方により開基され、方崖元圭を開山とする諸山寺院である。『新編鎌倉志』には「能仁寺旧跡」とみられる。

智岸寺は扇ヶ谷に存在した蘭渓道隆開山の寺院である。『新編鎌倉志』の「智岸寺谷」の項に「阿仏卵塔屋敷の西北の谷、英勝寺の境内なり。古は寺有けれども頽敗せり。近比まで地蔵堂のみ有しが、是も今はなし」と見え、近世初期にはすでに地蔵堂が残るのみで、元和二年（一六一六）の本末帳においても敗壊とみえる。(38)

龍華庵は塔頭の一つで、道庵曾顕の塔所である。当庵は元和の本末帳に見えないこと、『新編鎌倉志』や、延宝六年の建長寺境内図(39)では「跡」と見られることから、早い段階から廃絶していたものと思われる。

以上から、家康により削減対象となった配分箇所は、「鎌倉」外や廃絶寺社の寄進地であったことがうかがえる。寄進高を持つ塔頭が配分寺院となった以上、廃寺・廃庵の寄進高は認められなかったのであろう。一方、龍峰庵は新たに三貫文の配分を請け、また宝珠庵（一貫文）・雲外庵（六〇〇文）はそれぞれ加増を請けている。龍峰庵など新たに配分を請けている塔頭も確認できるため、検地の上、寄進地が伴う高については円覚寺（瑞泉寺）同様に鎌倉内の他の塔頭に付け替えられたとも考えられる。いずれにせよ家康による鎌倉寺社領政策は、廃寺が持つ寄進高は除き、「鎌倉」内に所領を限定するといった性格が見られた。ただし、大船の常楽寺のように、永高が用いられていた鎌倉一〇か村以外に所在する寺院に対しても貫高での配分がなされていることから、配分寺院は必ずしもこの一〇か村内に所

在する必要はなかったようである。(40)

3　寺領と配分地の関係

明月院・海蔵寺・常楽寺などでは、天正十九年に家康により配分地が一筆ごとに示されている。次にこうした配分と寺領の問題について検討する。そこでまずは常住領の問題を確認する。建長寺朱印配分のうち、常住は一〇貫文を保持しているが、検地帳では六六〇文（小町村、代官給）とあり、これ以外の高は示されていない。ではその他の常住領はどこに所在するのであろうか。『神奈川県史』では、小町村に高を有していないため十二所村に包括されていたとするが、(41)推測の域を出ていない。

では、そもそも常住領とはいかなる性格のものなのか、次の円覚寺の史料を見たい。

〔史料4〕(42)

一、御入国時分鎌倉中寺領於鎌倉各江被下候砌、円覚寺常住領ニハ当門前之居屋敷と配当ニ候、本尊之香油土二年貢とも全所務仕、其上常住ニ人足等所用之時ハ可召仕候ため斯此如ニ候事（後略）

述べるまでもないが、常住領とは本坊運営のための土地である。当史料によると、家康の替地に伴い円覚寺常住領として、「門前之居屋敷」が人足役などのために配当されたことが分かる。円覚寺は「当村（山之内村、筆者註）惣百姓居屋敷不残円覚寺領ニ而御座候」(43)と、円覚寺が所在する山之内村を寺領とするため、「門前之居屋敷」とは境内門前の屋敷地ではなく、寺領内に所在する屋敷地を指しているのかも知れないが、ともあれ円覚寺は境内地と山之内村寺領を明確には区別しておらず、境内の門前百姓居屋敷を常住領（朱印地）にするという、ある種、寺領の重複設定が行われているのである。

かかる様は、建長寺においても認められる。建長寺では「建長寺門前之義者、御朱印高之他誠ニ境内百姓ニ而、御公料之地面等ハ越穀ニ茂不致所持候」[44]と述べており、境内地である門前を「御朱印高」と称している。建長寺が所在する山之内村は、円覚寺領と幕領で構成されており、建長寺領は存在しないため、ここでの御朱印高とは境内地＝門前地を指していると考えられる。さらに、建長寺門前屋敷の年貢帳には、「一、三百五拾文　代官給　小町高之内」[45]と、門前高の一部が朱印地の小町村内に設定されている（検地帳記載の高とは異なる）。ここから、建長寺常住領とは、境内地（＝門前地）に相当したのではないかと考えることができる。無論この場合、建長寺領が小町村と十二所村に与えられたとする朱印状の文言と齟齬が生じるが、その点は後に述べたい。

次に具体的に建長寺門前地を見ていこう。門前の土地については、門前屋敷の年貢帳と明治期の史料により、ある程度は知れる。門前年貢をまとめた「門前野地年貢帳」によると、建長寺は門前の屋敷地・田地・野地をあわせて四貫七五一文を保持している。一方、明治期に寺領をまとめた史料によると、常住は小町村において畑三五〇文、田一貫一〇〇文の計一貫四五〇文を保持していることが分かる[46]。検地帳とは齟齬が見られるが、門前と小町村高をあわせると六貫二〇一文となる。これでも常住領一〇貫より三貫七九九文の不足となるが、十二所村内には土地を一切所持していないことが判明する。これをもって、明治初年には小町村に所在した寺領が散逸していたと見ることもできるが、むしろ検地帳に六六〇文とある通り、常住領は当初より一〇貫文分の土地（実高）が与えられていない可能性も考えられる。検地帳に常住領の記載が無いことから、門前地は検地の範囲外、あるいは別帳が存在したのではなかろうか。小町村に六六〇文しか朱印高を保持しない理由は、①実高の不足、②境内地を常住領とするため、であったのである。

次に長寿寺の配分を取り上げる。長寿寺は「寺領指出」や、延宝八年の配分では一貫文を得ているが、検地帳ではその土地が見られない。江戸時代、建長寺は朱印高に増減が無いことから検地帳が作成された慶長年間以降に改めて配分を請けたとは考えがたく、家康の配分時から土地（実高）が伴っていなかったものと考えられる。先に見た明治三年の史料は、配分地ごとの取箇をまとめており当時の配分塔頭を知ることができるが、当史料においても長寿寺は年貢を供出しておらず、配分は確認されない。一方、配分を請けていない華蔵庵が僅かであるが畑永二五八文を保持している様子もうかがえる。その理由は詳らかではないが、円覚寺同様に建長寺でも配分と実際の寺領の利用については齟齬が見られるのである。

その他にも、検地帳を算出すると禅居庵や報国寺・海蔵寺などが配分高より不足しており、配分当初より土地が伴っていない。常住領の一〇貫をあわせると、建長寺領は少なくとも慶長五年の検地帳の段階ですでに、一三貫三八〇文余りの土地が不足しているのである(47)。先に見た常住領一〇貫文を門前地と見ることも、可能性としては考えられるのではないか。

さらには、建長寺は元和九年（一六二三）、「鎌倉」に賦課されていた、段銭・棟別銭の免除の代替として、小町村の朱印高のうち、田五貫五一九文、畑三貫八八八文の計九貫四〇七文を幕府に上知するが、建長寺朱印高自体には変化が見られない。この点について『鎌倉市史』総説編では、朱印高の削減が見られないことから、上知したとする点は疑義があると述べ、『鎌倉市史』近世通史編では、幕領の段銭・棟別高の変化から実際に上知が行われたと述べている。ここまでの検討を踏まえ、有り体に考えれば、上知に伴い実際に寺領は削減されたが、朱印高の額面は変更を行わなかったという結論が導き出されよう。鎌倉寺院―少なくとも建長寺―にとって朱印高とは額面上のものであったことが理解される。そしてかかる寺領の扱いの結果、明治期には次のような状況を招来している。

〔史料5(48)〕

以書附届御奉申上候

当山受領地之儀、今般旧政府　御朱印写書差上候通十二所村之内永楽三拾弐貫三百文余、小町村永楽六拾三貫六百文余、都合九拾五貫九百文余と有之候得共、此度受領地取箇取調被　仰付候ニ付、則調帳差上申候通り小町高之内永別拾九貫六百拾六文全く不足地ニ御座候、何ヶ年以前紛失仕候哉、年号数出不申候間取調候処旧記等茂無之相分兼申候、　御一新以来兼而奉申上候通全く無地高ニ御座候間、猶此度前件御届ニ奉申上候、以上

当史料は、先ほど来見てきた明治三年の史料の一部である。これによると、年貢算出を行うため諸帳面を付き合わせた結果、建長寺では小町高六三貫六〇〇文余のうち、一九貫もの土地が散逸していることが判明する。未掲載箇所には「旧来御手入無御座候場所等ニ付、地所相紛候」ともみえるが、それに加え当初よりの実高不足、上知を行ったが朱印高は削減していないことなど、従前の寺領の扱いが積み重なった結果、明治初年に一九貫文余り（石高に換算すると七六石）が「全く不足地」となっていたのである。

4　朱印地配分の諸問題

以上、建長寺の朱印地配分のあり方について寺領の問題から検討してきた。次に視点を変え配分塔頭と未配分塔頭が存在することから生じる様々な問題についても少し確認、整理しておこう。ここまで後北条氏以前に寄進高が付与されていない塔頭は未配分となることを明らかにした。その上で例えば『鎌倉市史』の次の記載を確認したい。

貞享二年にできた『鎌倉志』の時代には塔頭は西来庵は別としても、華蔵院以下一八ヶ院あるから一〇余の塔頭がこの間に復興したわけである[49]、

つまり、『鎌倉市史』では、天正十八年の「寺領指出」で配分を請けていない寺社（記載されていない寺社）は、廃絶

していたとし、それに比して貞享二年（一六八五）の『新編鎌倉志』には、「寺領指出」で見られなかった一〇庵余りの塔頭が記載されていることから、これらの塔頭はこの間に復興していたと評価しているのである。正に建長寺領の配分は、建長寺が主体として各塔頭に配分したという認識の元になされた叙述である。しかし、表3を見ても明らかな通り、塔頭には記載がされる塔頭（配分寺社）と、記載がされていない塔頭（未配分寺社：寄進地を持たない寺院）の両者が並存しており、この点に注意を払う必要がある。例えば、検地帳は配分塔頭・末寺と配分地を示すものであり、そこに未配分寺社を書き示す必要はない。一方、地誌や寺社書上のような、朱印高所有の有無に関わらず鎌倉寺社全てを記す性格の史料には、当然未配分塔頭も名を連ねることとなる。このように、塔頭はその史料の性格により記載される塔頭が異なってくるのであり、配分の有無だけで廃絶・復興を語ることは困難である。塔頭や末寺を考える上でこの点は注意を要する。

朱印地配分の検討の最後に、配分高の大小・有無が、寺内での役割、建長寺役者としての位置に差を生じさせるのかについて、二、三確認しておきたい。

一つは、末寺数との関係である。塔頭はおおよそ建長寺の末寺それぞれの本庵となるため、配分寺社と本末関係のあり方になんらかの関連があるのかを確認したい。結論から述べると、配分の有無は末寺数には比例していない。例えば、配分一〇貫一〇〇文を持つ禅居庵は寛永十年（一六三三）の本末帳では、末寺が一三か寺なのに対して、六〇か寺を配下にもつ玉雲庵や、八六か寺を持つ広徳庵などは、全く配分を得ていない。こうした関係はその後の本末帳を見ても同様であり、配分塔頭と末寺数の両者に関連は見られない。

二つ目として、建長寺の寺務組織と配分寺院の関係を考えてみたい。建長寺役者のトップとなるのが参暇である。江戸時代この参暇を務めているのは、塔頭・末寺（塔頭之列）寺院の庵主である。いずれも鎌倉に所在する塔頭が務めるものであるが、正統庵や長好庵など配分を受けていない塔頭も参暇を輩出しており、配分寺院が参暇を掌る訳でもない。加えて、配分寺院・未配分寺院間で寺格に差を生じさせたり、配分を得ることに伴う特殊性も特段確認されない。以上の点から、朱印地配分の有無は、単に後北条氏以前の寄進高の有無に関わる問題であり、寺務組織の問題とは直接には関係せず、ましてや寺法や法階の問題とは全く異にする問題であった。後にも述べるが、むしろ配分を請けたことにより、末寺が建長寺の「塔頭並」となり、建長寺役者として位置付けられていったものと考えられる。

5 建長寺領配分末寺の問題

多くの末寺を取り込んで成立していた建長寺であったが、かかる問題をどのように捉えればよいのであろうか。ここでは、明月院と報国寺、そして「塔頭」と建長寺の関係について見てみたい。なお、こうした末寺が建長寺領に組み込まれること自体の評価については、次節で掘り下げて検討することにする。

(1)明月院

明月院は、開基上杉憲方、開山密室守厳で、元来は関東十刹一位禅興寺の塔頭であったが、本寺禅興寺の衰退に伴い、近世期には半ば一寺院として独立した存在であった。元和の本末帳には「禅興寺塔頭」「今属建長塔頭」、天明の本末帳には「古禅興寺塔頭也今入建長寺塔頭之列」とある。一方、禅興寺は、江戸時代に衰退・無住化するも、五山派の出世制度上、名目は維持されていた。建長寺の関係を本末帳で見ると、元和の本末帳では「建長寺附庸之地」[50]と見える。

明月院に対する寺領寄進は数多く確認され、天正十二年には北条氏直より今泉村及び総門内の田地の知行を安堵されている[51]。また、『小田原衆所領役帳』には、今泉に「三十一貫九百七十文」「廿貫文御蔵出、以上五十一貫九文、東郡岩瀬之内百七十七文」とある。建長寺配分のうち、明月院の貫高三一貫文余は正にこの役帳記載の寺領に相当し、後北条氏の寄進とほぼ同額である。(52) ただし役帳は、「三十一貫九百七十文」であり、九七〇文が脱落している。ここで注目すべきは、貫高が減少したことよりも、建長寺の「寺領指出」では「三一貫文」とあるものが、家康の朱印状などでは「三一貫文余」と記されている点である。そもそも建長寺の朱印貫高が九五貫九〇〇文「余」とされるのは、明月院領の「余」によるものと考えられるが、何故こうした記載としたのであろうか。推測の域を出ないが、指出では三一貫文であることから、今泉に有した三一貫九七〇文のうち九七〇文、もしくは、東郡岩瀬之内に有した一七七文が、「余」として記されるに至ったのではなかろうか。

ちなみに、役帳の「廿貫文御蔵出」は「寺領指出」には記されておらず、寄進地が伴わない高は提出外のものと判断されたことを示している。

ところで、建長寺と明月院との関係が直接明らかになるものではないが、次の史料は、明月院と建長寺の関係性をうかがう上で興味深い。

〔史料6〕(53)

一、権現様御朱印弐通幷御書壱通
一、台徳院様御朱印壱通
一、大猷院様御朱印壱通
一、厳有院様御朱印壱通
一、当御代御朱印壱通

右御代々建長寺江被下置候　御朱印、古来明月院ニ預り奉納置候所、去未年之地震ニ而明月院土蔵等破損仕、大切之御朱印難納置奉存、先々常住へ預ヶ納置申度由之故役者立合、御代々之御朱印六通幷御書壱通慥ニ請取、建長寺常住江納置申候、以上

宝永二乙酉年正月五日

住山　徳湛
参暇　紹琢
奉行　祖昆
維那　楚快
　　　禅澄
都寺　元珉

明月院主

当史料は宝永二年（一七〇五）の地震で明月院の土蔵が破損した折に、明月院が管理していた家康以来の建長寺朱印状を建長寺常住に預けた史料である。ここから建長寺の朱印状は、従来明月院が管理していたことが判明する。建長寺に伝わる中世文書ではなく、朱印状及び家康書状のみを管理していたことから、明月院による管理は古書の管理が目的ではなく、朱印状の管理を目的にしたものであったと指摘できる。円覚寺では円覚寺領の配分を請ける塔頭中最大の四八貫文余を所持している帰源院が、朱印状管理の役割を担っていたとされることから、(54)朱印配分寺院の役割の一つに朱印状管理の役割が存在したのであろう。帰源院がそうであるように、明月院による朱印状管理は、建長寺領中でもっとも多くの貫高を有する寺院であるとともに、明月院が当時建長寺内で大きな存在であったからに他ならない。

ちなみに、明月院が管理していた家康の御朱印の内一通は、天正十九年十一月の「徳川家康寺領寄進状案」（寺領安

堵状）であり、書付は（文禄元年（一五九二））極月晦日付の家康書状と思われる。[55]もう一通の家康の朱印状は、建長寺には確認されないこと、また「皇国地誌」では、天正十八年の秀吉の禁制及び寺領安堵状を家康のものと誤認していることからも、秀吉の寺領安堵状を指しているものと考えられる。[56]

⑵報国寺

続いて報国寺を取り上げたい。報国寺は、建武元年（一三三四）、天岸慧広（仏乗禅師）により開山された寺院（諸山）で、開基は足利家時とも上杉重兼ともされる。報国寺は建長寺領配分のうち、二貫八〇〇文を小町村で請けている。遡ると報国寺は天文十六年（一五四七）に、北条氏康が北条氏綱の検地の決定に任せ、二貫八〇〇文を寄進している。[57]報国寺の配分高についてもまさしくこの後北条氏の貫高を追認したものと考えられ、他寺院と同様の傾向を示している。

そして、報国寺が興味深い点は、建長寺領の配分の他に、慶安二年（一六四九）に徳川家光より鎌倉郡宅間村において一三貫文の朱印地を直接得ていることである。いわゆる朱印状であるが確認しておきたい。

〔史料7〕[58]

相模国鎌倉郡宅間村報国寺領同書之内拾三貫文事任先規寄附之訖、全可収納幷寺中山林竹木諸役等免除如有来永不可有相違者也

慶安二年十月十七日

（家光朱印）

「複数」の朱印地所持は、鎌倉においては報国寺以外に見られない。朱印地獲得に至る経緯は詳らかではないが、建長寺領の配分二貫八〇〇文は、従前の寄進高に即して与えられているため、新規の朱印高は別の理由で請けたもの

と思われる。ともあれ報国寺は建長寺領の配分高と、自院の朱印高の二つの朱印高を得ていることとなる。

ただし、二つの朱印高はそれぞれ別個のものと認識され、朱印状も別に発給されている。かかる様は例えば、元和の本末帳は「建長御朱印中弐貫八百文、新御朱印分拾参貫文」とあり、また先に見た明治期の取箇調帳では、建長寺領の配分は「受領高配当知行取箇調帳」と、報国寺自身の朱印地は「当山塔頭報国寺別御朱印調帳」とそれぞれの帳面を作成していることからも知られる。(59)報国寺の事例は、塔頭並として建長寺領に組み込まれつつも、本来は塔頭ではなく一寺院であることから、別に自院の朱印高を得ているという興味深い事例である。(60)また、このことは配分を請けた末寺にとっては、元来自院の持つ寄進高に即して与えられた配分であっても、それは自院の朱印高とは見なされず、建長寺の朱印高とされたことを示している。寺領の配分を請けることは「御朱印壱本ニ申請」けたものであり、あくまで本山建長寺の朱印高とされたのである。

いまさら述べるまでもないが、本山寺院とは塔頭の集合体であり、「大本山」という巨大な寺院が眼前に存在するわけではない。朱印状の管理や朱印高の配分を巡る塔頭・末寺間のあり方を検討することは、本山寺院の存在を浮かび上がらせる上でも重要な問題であろう。

四　天正十八年の指出と鎌倉寺院の近世化

1　鎌倉四ヶ所の枠組み

前節では鎌倉寺社の配分の検討を通じ、建長寺の朱印高が末寺の寄進高を組み込む形で成立した点を明らかとした。そこで改めて末寺を含み込んだ天正十八年(一五九〇)の「寺社領指出」を取り上げ、建長寺の朱印配分の特質を解明するとともに、近世鎌倉寺社の成立についても見通したい。

繰り返しになるが、鎌倉では、天正十八年八月、鶴岡八幡宮・建長寺・円覚寺・東慶寺の「四ヶ所」に対して寺領安堵状が発給される。この「四ヶ所」へ対する発給については、従来「四ヶ所」に対する優遇政策や、有力な旧来の鎌倉寺社勢力への牽制と評価されている[61]。ところで、こうした鎌倉の「四ヶ所」に近しい捉え方は、秀吉に限らずそれ以前から確認される。例えば、永正十二年（一五一五）、北条氏綱が、建長寺・円覚寺・東慶寺に対して、行堂の諸公事を免許した史料では「鎌倉三ヶ寺」と呼称しているし、北条氏康も同様に「三ヶ寺」宛に行堂諸公事免許状を発給していることから[62]、「三ヶ寺」の枠組み自体は、以前から認識されていたものであったようである。秀吉がこの「三ヶ寺」に鶴岡八幡宮を加え、「四ヶ所」としたのか、それ以前から鶴岡八幡宮を含んだ「四ヶ所」の認識が存在したのかは定かではないが、「四ヶ所」への寺領安堵の方針は、秀吉独自のものではなく、中世以来形成されていた鎌倉寺社の捉え方に準じて行われたものであった。まずこの点を確認しておきたい。

2　天正十八年の寺領指出

では、「寺領指出」について子細に検討していこう。確認してきた通り、円覚寺には、天正十八年（一五九〇）八月十七日付の「円覚寺幷諸塔頭門徒末寺敷地書立」（史料3）が現存する。また建長寺には、辛卯年七月二十八日付で秀吉家臣片桐且元へ提出された「建長寺御朱印配分之控」（史料1）が伝わる。注目すべきは当史料の柱書「建長寺幷諸塔頭寄進」である。「円覚寺幷諸塔頭門徒末寺敷地書立」と併せて考えると、この両者の史料名は端的にその性格を表している。すなわち、両寺の「寺領指出」とは、狭義の寺領を示したものではなく、広く塔頭、末寺の寄進高を差し出したものなのである。したがって、この時に秀吉に差し出した（秀吉により提出を求められた）指出それ自体が塔頭は元より末寺を一寺院としてではなく、建長寺内寺院として把握させたことを意味する。

このように捉えると、天正十八年に行われた「四ヶ所」への寺社領安堵は、従来とは異なった視点で捉える必要があろう。確かに形としては「四ヶ所」寺社に対して発給された寺社領安堵であるが、少なくとも建長寺・円覚寺においては、各寺を「本寺」とする鎌倉叢林寺院に対する所領安堵をも意味したのである。そのため、「四ヶ所」への寺領安堵は、先行研究が述べる通り仮に優遇政策や他寺社への牽制であったとしても、「四ヶ所」を「四寺社」として、単に「保護」したとする評価を下すのは早計であり、まずは各寺社の朱印高の構成要件を吟味する作業が求められるべきであろう。

では、なぜ建長寺にはかかる寺院把握が試みられたのであろうか。一つには、建長寺側の寺院間関係から生じる問題、もう一つは、領主側の動向、すなわち秀吉による寺社政策に起因するものと考えられる。

前者では、自明ながら建長寺に組み入れられた寺院が当該期には、すでに建長寺役者を構成する塔頭的な性格が強かったために生じたものと考えられる。例えば、天文年間頃に成立したとされる『五山記考異』(63)を見ると、天正十八年に建長寺領に取り込まれた寺院はそれぞれ、長寿寺「今属建長塔頭」、報国寺「属建長寺」、海蔵寺「今属建長塔頭分内」、常楽寺「今属建長塔頭」と記載されている。『五山記考異』の成立年代の評価を踏まえるならば、これらの末寺は天文年間頃にはすでに建長寺に属す存在であったと考えられ、そのため建長寺領として寺領を提出するに至ったものと考えられる。ただし、この点には一点疑問が生じる。『五山記考異』では明月院については特段触れられておらず、後北条氏により多くの寄進が与えられていた「大寺院」である明月院を建長寺領に加えた背景を充分に位置付けることができない。

後者はどうであろうか。秀吉は天正十八年四月の段階で、鎌倉の一〇寺・二社・一郷に対して禁制の発給を行っている。このうち、建長寺・円覚寺・明月院・光明寺（浄土宗本山）は、それぞれ「建長寺幷諸末寺中」「円覚寺幷諸末寺」「明月院幷諸末寺共」「光明寺幷諸末寺」と本山ならびに末寺宛で禁制を請けている。しかし、その後の「寺領指出」では、明月院領を建長寺内に組み入れていることは前述の通りである。これは、一寺院として禁制の発給を請けた（求めた）明月院を、何等かの理由から建長寺領内に組み入れた結果と考えられる。かかる点は、すでに建長寺役者としての立場にあった明月院を、建長寺領として建長寺が提出したともいえるが(64)、禁制を「明月院幷諸末寺共」として請け、五山の寿福寺・浄智寺・浄妙寺よりも多く、建長寺領の約三分の一にもあたる三一貫文を持つ大寺院の処遇を建長寺の一存でのみ差配できたとは考えがたい。そこには秀吉による鎌倉寺院に対する政策意図があったと思われる。

ではなぜ秀吉はこうした把握を試みたのであろうか。推論の域を出ないが、「寺領指出」の背景には、①戦国期を経て散逸していた鎌倉寺社の再確認をしつつ、②鎌倉に林立する数多くの旧官寺や、個別由緒による寄進地をもった鎌倉叢林寺院を五山（建長寺・円覚寺）へ収斂させる、鎌倉寺社の寺社領把握、寺院整理に目的があったと指摘したい。こうした結果もたらされたものが、従前より用いられていた「四ヶ所」概念であったのである。

まとめるならば、「四ヶ所」への収斂は、旧来の鎌倉寺社の捉え方に準拠した、鎌倉五山・十刹の寺格に即した寺院整理・寺領把握を改めて示した結果であり、再確認であった。それは先例に沿った鎌倉寺社への保護政策であり、他寺社への牽制を意味するような性格のものではなかったのである。重要な点はこの段階で、鎌倉の寺社領が再確認されたことそのことであった。

3　末寺の塔頭化と近末寺院の形成

先に、『五山記考異』を利用し末寺の「属建長寺」の問題について触れたが、今少し子細に末寺の塔頭化の問題を検討し、塔頭の「属」と建長寺領に組み込まれた末寺の関係を見通しておきたい。

改めて天正十八年（一五九〇）の段階で建長寺領に組み込まれた寺院をみると、常楽寺・明月院・報国寺・円応寺・海蔵寺・長寿寺・智岸寺・能仁寺・東光寺の九寺となる。これらの寺院は、「寺領指出」の柱書「建長寺幷諸塔頭寄進」が示す通り、寄進寺領を有した寺院で占められており、建長寺領に組み入れられたこれら末寺が建長寺領の配分を請けることとなる。そして、翌十九年以降にも引き続き配分を請けた寺院は、現在建長寺内において「近末寺院」として、特殊な位置にある。

ところで、『新編鎌倉志』海蔵寺の項には「天正ノ比ヨリ建長寺ノ塔頭ニ属ス」とある。『五山記考異』が記す「今属建長塔頭分内」と『鎌倉志』の「塔頭ニ属ス」の「属」が同義かは定かではないが、少なくとも「天正ノ比」とは本稿で検討してきた通り、天正十八年に建長寺領として書き上げられ、朱印配分を受けたことと無関係ではあるまい(65)。つまり海蔵寺は、建長寺領の配分を請けたことに伴い、「建長寺ノ塔頭ニ属」したという認識、関係性が発生したことが想定できる。

このことは、仮に『五山記考異』が示す「属建長寺」の関係がすでに海蔵寺に内在していたにせよ、天正十八年の建長寺領の確定が、建長寺—配分末寺間に新たな「建長寺属」の関係性をもたらし、それが本末帳に見える「今入建長塔頭之列」として認識・形成され、建長寺役者としての機能を決定的にさせたといえる。円覚寺の項で確認したように、瑞泉寺に円覚寺領を与えるに際して、瑞泉寺を「塔頭並」とし、「寺役等相勤」めさせていることから見ても、本山の配分を請けるには、塔頭「並」「属」であり、かつ本山役者としての性格が求められたのであろう。

そのように捉えるならば、天正十八年の「寺領指出」は、建長寺にとってみれば「近世的」建長寺―配分末寺の関係が公的に再編成され、配分末寺の塔頭化がもたらされる契機となったと位置付けられよう。そしてこうして近世初期に確立した建長寺―配分塔頭・末寺の関係性は、現在に至るまで続く「本山―塔頭・近末」関係をも形成させたと評価できるのである。

おわりに

本稿では、近世鎌倉寺社の基礎的研究として、寺社領の成立と構造を朱印高配分の問題から検討してきた。論点が散漫となった感は否めないが、以下本稿で明らかになった点をまとめ結論としたい。

①近世期の鶴岡八幡宮・建長寺・円覚寺・東慶寺の「四ヶ所」の朱印高は、天正十八年（一五九〇）に秀吉に提出した「寺社領指出」が追認安堵され形成されたもので、その他の寺社は、翌十九年の家康の朱印状により朱印高が確定した。この「寺社領指出」は、後北条氏以前から寺社が有していた各地の社領や塔頭が有する寄進高の指出で、これらが合算され朱印高となり、その内訳がそのまま朱印配分として成立した。つまり鎌倉寺社の朱印配分とは、塔頭・末寺各々の寄進高を朱印高としたものであり、寺院自らが坊や子院・役者などに配分したものや、寄進名目に伴い成立したものではなかった。そのため、例えば建長寺では、後北条期に多くの寄進地を有した明月院は三一貫余を保持する一方、寄進高を有しない塔頭は、開山塔西来庵を含めて無配分であるといった、不規則な配分・配分高を生じさせることとなった。その後、家康は惣国検地の上、寺社領を「鎌倉」内に移し、廃寺や「鎌倉」外に所在した寺院など一部朱印高の削減を計るが、塔頭・末寺の寄進高を基調とした朱印配分については、秀吉期のものを踏襲する（建

長寺・円覚寺に限る)。

そしてこの配分は、①朱印高として成立した点、②家康による惣国検地・鎌倉一〇か村内への移し替えに伴い、配分地を一筆ごとに明示された点(全てではない)、③配分自体が元来塔頭末寺各々の寄進高であった点に規定されたためか、江戸時代を通して踏襲され、配分高は朱印高と同様に認識されることとなった。

しかしこうした建長寺・円覚寺の配分高は維持こそされたが、内々では配分の付け替えなど独自の仕法のもとに運用された。加えて塔頭の廃絶、寺領の散逸、さらには配分当初よりの実高不足など、配分高は、半ば額面上・名目的な性格が強いものでもあった。そもそも幕府は、配分ごとの寺領を設定した以降は、継目安堵を行うのみで各寺社の朱印配分を把握していない。配分はむしろ寺院が、各々の塔頭・末寺の寺領として認識するためのものであったといえよう。そのため、朱印配分の額面・枠組みは維持されるが、実際には半ば形式的・名目的な性格を有することとなったのである。

一方、建長寺末寺にとり、建長寺の朱印高のうちとされたことは、建長寺より朱印配分を得たものとして読み替えられることとなり、配分を請けることが塔頭たる指標として認識された。そのため「寺院指出」により、建長寺領とされた末寺は、江戸時代には「今入建長塔頭之列」とされ、建長寺役者の位置を制度的にも確立させたのである。そしてさらにこの関係性は、現在に至るまで続く「建長寺―塔頭・近末」関係を発生・確定化させていったとも評価される。

②従来、天正十八年の鶴岡八幡宮・建長寺・円覚寺・東慶寺の「四ヶ所」に限る寺社領安堵は、秀吉による「四ヶ所」への手厚い保護や他寺社への牽制といわれてきたが、本稿ではそうした評価以前に、塔頭のあり方など四寺社の内的構造の相違を明らかにする必要性を指摘した。①とも関連するが、建長寺朱印高の多くが、末寺を含めて構成し

ている点から、「四ヶ所」への保護は、単に「四寺社」を保護したという以上の意味を持つ。塔頭・末寺の「建長寺朱印寺領化」は、末寺寺院が建長寺役者を務める立場、すなわち塔頭化（建長寺属）していたことを示すものでもあり、当該期の建長寺の寺院組織を解明する上でも重要な論点となる。

その上で、「四ヶ所」への寺領安堵は、源氏の氏神である鶴岡八幡宮や、鎌倉五山・十刹の寺格を尊重した中世来の由緒や寺領を有する寺社に対して出された、まさに先例に則った保護政策であり、他寺社への牽制などとは評価し得ない。

誤解を恐れず述べれば、秀吉の鎌倉寺社政策は、従前の仕法に則して鎌倉寺社の貫高を追認安堵したのみであった。しかし、重要な点は、秀吉が意図したか否かに関わらず、その追認自体が戦国期を通して散逸していた鎌倉寺社領を整理・明確化することとなり、当該期の鎌倉寺社の「四ヶ所」、そして配分地（寄進地）が改めて示されたことにある。建長寺・円覚寺領の朱印地配分や、塔頭・末寺関係を明示・確立させた点において、秀吉が行った寺社領安堵は、その後の鎌倉の寺社領政策の方向性を決めた歴史的意義を持つものといえる。そして家康は、秀吉の政策を基調としつつも、惣国検地によりこの「四ヶ所」の特殊性を一般化し、近世の鎌倉寺社を成立させていくのである。

註

（1）雪ノ下、小町、大町、扇ヶ谷、谷合四か村（十二所・西御門・二階堂・浄明寺）、山之内、乱橋・材木座、極楽寺、坂ノ下、長谷の各村を指す。なお、本稿では、この鎌倉一〇か村を示す鎌倉については「鎌倉」と記す。

（2）『鎌倉市史』近世通史編（吉川弘文館、一九九〇年）。

（3）横田知恵子「寛永寺の寺務組織について」（『学習院史学』三、一九六六年）。

（4）笠原正夫「天正の兵乱と近世高野山寺領の成立」（『鈴鹿国際大学紀要』二〇〇九年）。
（5）林晃弘「慶長期における徳川家康の寺院政策―学問料を中心に―」（『史林』九五―五、二〇一二年）。
（6）『神奈川県史』通史編（神奈川県、一九八一年）六六六頁、『鎌倉市史』近世通史編（吉川弘文館、一九九〇年）一七二頁。
（7）例えば『巨福山建長寺』（建長寺、一九七七年）三〇頁。こうした見方が一般的にされるが、そもそも建長寺は本山寺院であり、境内内外の塔頭寺院を含めて建長寺を構成しており、一概に他の一寺院の朱印高と比較することは意味をなさない。また、常住領で比較すれば円覚寺は建長寺とほぼ同様の一〇貫二〇〇文である。一〇貫が衰微していたという指標ともならない。そもそも、朱印高そのものが寺社にとって、経済的・寺格・本末関係など、どのような意味を有したのかについて改めて検討する必要性があるのではないか。
（8）『鎌倉市史』史料編三所収（吉川弘文館、一九五八年）、二一八号文書（建長寺文書）。
（9）以下、本稿では天正十八年に提出された当史料を「寺社領指出」と総称し、寺院に対してのみ用いる際は「寺領指出」と、鶴岡八幡宮のみに用いる場合は「社領指出」と呼称する。
（10）『鎌倉市史』社寺編（吉川弘文館、一九五九年）六五頁（後藤俊太郎氏所蔵文書）、前掲註（8）『鎌倉市史』史料編三所収、三〇五号文書（瑞泉寺文書）。
（11）前掲註（8）『鎌倉市史』史料編三所収、二二二号文書（建長寺文書）、『神奈川県史』資料編八（神奈川県、一九七九年）三五三号文書（建長寺文書）など。
（12）建長寺文書。
（13）想像を逞しくするが、建長寺では、天正十八年の秀吉の寺領安堵状を家康のものと誤認している節がある（後述）。あるいは、書写の段階で「辛卯」を加えた可能性も指摘できる。
(14)『鎌倉市史』史料編一所収(吉川弘文館、一九五八年)三七二号文書(明月院文書)。「寄附状」(海蔵寺文書)。なお、当史料は、辛卯年八月十三日をとっており、後筆で天和との記載が認められるが、鎌倉代官萩原越中守らの花押の存在から、天正十九年のものと判断される。
(15)前掲註(14)『鎌倉市史』史料編一所収、三七二号文書(加茂文書)。
(16)『新編鎌倉志』。
(17)前掲註(8)『鎌倉市史』史料編三所収、二八七・二八八号文書(浄妙寺文書)。
(18)前掲註(10)『鎌倉市史』社寺編、二三九号文書。こうした寺領寄進高＝朱印高となる寺院は史料的に確認できる限りにおいても、鎌倉朱印寺社二四寺社中、六寺社で確認される。
(19)『新編相模国風土記稿』。
(20)前掲註(11)『神奈川県史』資料編八所収、三四三号文書(大木力雄氏蔵)。
(21)前掲註(8)『鎌倉市史』史料編三所収、二七六・二七七号文書(浄智寺文書)。
(22)前掲註(14)『鎌倉市史』史料編一。
(23)本書中野論文参照。
(24)『鎌倉市史』近世史料編一(吉川弘文館、一九八六年)所収、五号文書(臼居常雄氏蔵)・一四八号文書(加納襄二氏蔵)、前掲註(11)『神奈川県史』資料編八、三四三号文書(大木力雄氏蔵)など。
(25)前掲註(24)『鎌倉市史』近世史料編一所収、一四七号文書(鶴岡八幡宮蔵多家史料)。
(26)前掲註(10)『鎌倉市史』社寺編、六五頁(後藤俊太郎氏所蔵文書)。

(27)『小田原衆所領役帳』戦国遺文小田原北条氏編別巻(東京堂出版、一九九八年)。

(28)前掲註(14)『鎌倉市史』史料編一。

(29)『鎌倉市史』史料編二(吉川弘文館、一九五六年)所収、四四四号文書(雲頂庵文書)。

(30)前掲註(29)『鎌倉市史』史料編二所収、四四五号文書(雲頂庵文書)。なお、当史料は、永禄六年の火災により、蔭山家廣の寄進状を焼失し、後室妙悟より永禄七年に改めて証文を得たものである。

(31)前掲註(8)『鎌倉市史』史料編三所収、三〇五号文書(瑞泉寺文書)。前掲註(24)『鎌倉市史』近世史料編一所収、五号文書(臼居常雄氏蔵)、前掲註(11)『神奈川県史』資料編八所収、三四三・三六六号文書(大木力雄氏蔵・円覚寺文書)など。

(32)なお、この「鎌倉」が近世期貫高をとる鎌倉一〇か村であるかは判明しない。

(33)本件については、玉村竹二・井上禪定編『円覚寺史』(春秋社、一九六四年)三三九頁、鎌倉文化研究会『鎌倉』五六号(一九八七年)にも史料が掲載されている。また関連史料として『鎌倉市史』史料編三、三〇七号文書(瑞泉寺文書)がある。

(34)『新編相模国風土記稿』に「旧は多福軒・笑月軒・梅雪軒・半寮宗と号する寮舎ありと云、今は廃し」と見える。

(35)『鎌倉市史』社寺編によると、続灯庵は宝暦十二年より無住となり、安永元年頃復すとされる。また、蔵六庵・天池庵・雲頂庵などが無住になっていたとされる。

(36)前掲註(8)『鎌倉市史』史料編三所収、二五〇号文書(宝珠庵文書)。

(37)例えば、前掲註(7)、『巨福山建長寺』(三〇頁)。

(38)元和二年「建長寺末寺帳之写」(建長寺文書)。

(39) 建長寺文書。
(40) 逆に英勝寺は「鎌倉」内に所在するも、寺領は三浦郡池子村に保持していたため石高表記(四二〇石)をとる。
(41) 前掲註(6)『神奈川県史』通史編、六七九頁。
(42) 円覚寺文書。
(43) 前掲註(11)『神奈川県史』資料編八所収、三三八号文書(円覚寺文書)。
(44) 『鎌倉志料』九巻(鎌倉国宝館、二〇〇一年)一九七頁。
(45) 建長寺文書。
(46) 天保五年「門前屋敷幷野地年貢牒」、明治三年「神奈川県御出役長谷村出張　地方一件取箇調帳」(建長寺文書)。
(47) 検討は至らないが、鶴岡八幡宮も慶長四年に二〇貫文の不足を願い上げている(前掲註(29)『鎌倉市史』史料編二所収、三九八号文書(円覚寺文書)、前掲註(24)『鎌倉市史』近世史料編一所収、四号文書)。こうした点を併せて考えると、明月院などのように一筆ごとに寺領が示された「塔頭・末寺」分と、示されなかった常住分などの両者が存在し、後者のために、当初より実高が不足していた可能性が考えられる。
(48) 前掲註(46)。
(49) 前掲註(10)『鎌倉市史』社寺編、三〇四頁。
(50) 近世本末制度上で、鎌倉の五山・十刹寺院は本末関係を形成する際に特殊な位置付けである「附庸」寺院となることが知られている(前掲註(33)『円覚寺史』三三五頁)。建長寺でも十刹の禅興寺・宝泉寺などは末寺に位置付けられる際に附庸とされるが、これは五山・十刹の出世制度や寺格を尊重したうえで、本末制度を貫徹させるための結果と考えられる。

(51) 例えば、天文十六年十月には、大道寺盛昌より一貫七五〇文を、同年十一月には北条氏康より一貫六八一文などを寄進されている。また天正十二年の知行安堵は『鎌倉市史』史料編三所収、四〇二号文書(明月院文書)。
(52) 明月院十三世以心僧伝は北条氏康の姪(甥カ)とされ、北条氏との関係性がうかがえる(『和光』一七〇号(建長寺、一九九一年)。
(53) 『鎌倉志料』四巻(鎌倉国宝館、一九九二年)四四頁。
(54) 前掲註(33)『円覚寺史』。
(55) 前掲註(8)『鎌倉市史』史料編三所収、二一八・二一九号文書(建長寺文書)。
(56) 『神奈川県皇国地誌相模国鎌倉郡村誌』(神奈川県図書館協会、一九九一年)四四八頁。
(57) 前掲註(8)『鎌倉市史』史料編三所収、三七〇号文書(報国寺文書)。
(58) 前掲註(8)『鎌倉市史』史料編三所収、三八二号文書(報国寺文書)。
(59) 前掲注(46)明治三年「神奈川縣御出役長谷村出張　地方一件取箇調帳」(建長寺文書)。
(60) なお、『鎌倉市史』社寺編では、建長寺の朱印配分二貫八〇〇文と慶安二年の朱印高一三貫文を混同し叙述しているが、検討の通りこれは全く異なる朱印高である。
(61) 前掲註(6)『鎌倉市史』近世通史編。
(62) 前掲註(29)『鎌倉市史』史料編二所収、三八〇・三八二号文書(円覚寺文書)。
(63) 近藤瓶城編『改定史籍集覧〈第二六〉』(臨川書店、一九八四年)。成立年代に天文年間をとるのは『鎌倉市史』社寺編がある。本稿でもこれに従うが、次の点を踏まえる必要がある。『五山記考異』は『鎌倉五山記』と比較し、その変更点を記している史料である。そしてその記述内容は天文年間頃の内容を示しており、これにより『鎌倉市史』は天文年間頃の成立を取っている。しかし、仮に天文年間頃の記述であったとしても、史料作成年代が天文年間を示しているかは疑わしい。また、『鎌倉五山記』では、常楽寺などに対して「属建長寺」などの記載はされておらず、こうした「属」の記述は『五山記考異』で初出の記述となる。さらに『鎌倉五山記』のうち、附部分にあたる「附住持籍」の成立を近世初頭とする評価も見られる（『日本史文献解題辞典』）。かかる点も勘案するならば、その成立年代については慎重にならなければならない。

（64）例えば明月院十二世仙渓僧才は、建長寺役者（奉行）として連署している。こうしたことから当該期、明月院は実質的に建長寺役者を構成する立場にあったものと考えられる（前掲註（8）『鎌倉市史』史料編三、二三六号文書〔西来庵文書〕など）。

（65）なお、天正二十年、海蔵寺方丈の看司輪番について西来庵より差配を請けることが定められている（前掲註（8）『鎌倉市史』史料編三所収、一九二号文書〔海蔵寺文書〕）。天正期を画期とする何某かの動きが寺内に存在したことが考えられる。仮に配分に伴うものであるならば、配分を請けることにより西来庵（常住）の差配を受けることが定められたと評価できよう。

近世臨済宗建長寺派における在地寺院の編成

澤村　怜薫

はじめに

一八世紀半ば、臨済宗建長寺派の寺院は相模国・武蔵国・甲斐国・上野国・下野国・安房国・常陸国・伊豆国・駿河国の九か国、六三〇か寺におよんだ(1)。本稿の目的は、これらの寺院が江戸幕府の統制下において、いかに本山の配下に編成されていったのか、その展開過程の一端を明らかにすることにある。

本末体制の編成や構造、あるいは触頭制度に関わる研究史には豊かな蓄積がある。たとえば、高埜利彦は修験道や陰陽道を含む諸宗教の本末体制の提起を行い、触頭制度にも論及している(2)。また、宇高良哲(3)は浄土宗増上寺を、廣瀬良弘(4)は曹洞宗関三刹と遠江の可睡斎をそれぞれ事例として、各宗派において独立した末寺支配権をもつ有力寺院について明らかにしている。右のように突出した有力寺院が存在しない宗派においても、触頭制度において起点となる江戸触頭や田舎本寺等に関する成果もみられている(5)。

ところが、臨済宗鎌倉五山派については、わずかに玉村竹二らによる研究があるものの、寺史あるいは宗史という性格上、教団や制度にまつわる叙述が多くを占めており、関東の各地に及んでいた末寺支配の動向については断片的にふれられているものの、十分な紙幅が割かれていない[6]。また、『神奈川県史』『鎌倉市史』をはじめとする自治体史においても、当然のことながら県域・市域を越える在地寺院の様子についてはふれられておらず[7]、前近代における建長寺の末寺支配の動向は一般的な叙述の域を出ていないのが現状であろう[8]。そこで、本稿では前述のとおり建長寺派における在地寺院の編成について、①本末・配下関係の改編、②公儀触れ巡達経路の編成、以上の二つの視点から基礎的考察を行うこととしたい。

一　本末・配下関係の改編

建長寺派寺院は、表1に示すように武蔵国と相模国を中心に分布していた。寛延二年（一七四九）の本末改め以降は本末帳に加えて敗壊・改派帳が同時に作帳されているため、少なくとも一八世紀半ばまでの段階において敗壊および改派する寺院が多くあったことが明らかである[9]。このような本末・配下関係の改編の背景には、単なる寺院の敗壊や他宗派への改派のほかにも、当時における本末・配下関係の実態による影

表1　建長寺末寺の国別分布

国＼年	元和2年(1616)	寛永10年(1633)	寛延2年(1749)	天明7年(1787)
陸奥	0	0	0	1
上野	30	21	23	25
下野	54	26	39	39
常陸	0	2	4	4
安房	13	0	19	19
上総	1	1	0	0
武蔵	217	200	206	208
相模	145	182	172	173
甲斐	92	65	81	80
伊豆	90	84	77	78
駿河	8	2	9	11
計	650※	583	630	638

典拠）元和2年「建長寺末寺帳之写」、寛延2年「禅宗済家鎌倉五山建長寺本末帳」、天明7年「禅宗済家鎌倉五山建長寺本末牒」（以上、建長寺文書）、寛永10年「関東五山第一相州鎌倉建長寺本末帳」（国立公文書館所蔵）。

※元和2年の末寺総数が多い理由は後年の加筆分を含んでいるためであり、当時の末寺数は実際には少ない。

響があるものと考えられる。そこで本節では、建長寺派寺院において本末・配下関係に変容が生じた時期の一つである寛文期（一六六一～一六七三）の動向を手がかりに検討を行いたい。

まず、甲州八代郡の天目山栖雲寺と配下寺院をめぐる動向を取り上げてみよう。

〔史料1〕(10)

甲州八代郡天目山栖雲寺者、正法山妙心寺之末寺ニ而御座候、開山者中峰法嗣業海開闢之山ニテ御座候へ共、若年法席已裏無主之底ニ罷成候ゟ以来有故而当寺ゟ支配致寺法公用焼香礼拝等相勤来、依其当院住持十代余迄栖雲寺へ隠居仕候、拙僧も于今不相替指引致候事、国中其隠無之候、向後若於違乱有之者拙僧罷出可申明候、縦雖袂有之各々御苦労ニ仕間敷候、為後日如件

寛文六年丙午四月上旬

正法寺
隠　凡㊞
栖雲寺
門　智㊞
門前之
甚之丞㊞
作左衛門㊞
佐　近㊞

隧上
恵　林　寺

五ヶ寺
諸位禅師

当史料によれば、栖雲寺は臨済宗妙心寺派の大本山妙心寺の末寺であり、正法寺の隠居が一〇代余の間、栖雲寺に入り支配してきたと述べられている。正法寺は栖雲寺の末寺の一つにあたり(11)、文書の宛所は妙心寺派恵林寺ほか五か寺とされている。しかしながら、栖雲寺と正法寺は、元和二年(一六一六)、寛永十年(一六三三)の建長寺本末帳に記載されている建長寺派寺院であり、当史料が示す妙心寺派寺院としての両寺院の性格には疑問が残る。続けて同時代の史料をみよう。

〔史料2〕(12)

甲州八代郡相沢山廣徳院者我関山派之僧徒住持相続来年尚矣、依之而為妙心寺末寺者著明也、永莫令子孫断絶至祝至禱

寛文八年九月三日

維那　東　直(花押)
納所　永　兀(花押)
侍真　印　初(花押)

妙心寺(朱印)

廣徳院

当史料は、妙心寺の維那・納所・侍真が発給した栖雲寺末寺の廣徳院に対する住持相続の安堵状である。廣徳院も

また建長寺本末帳に記載されている寺院であり、当史料においても建長寺ではなく、妙心寺派寺院との間で本末・配下関係に関わる文書を取り交わしているという状態がうかがえる。

これらの文書が発給された寛文期以前の建長寺本末帳は、元和二年の写本と寛永十年の二冊が現在伝わっているが、前述のとおり、いずれの本末帳においても栖雲寺は建長寺塔頭廣徳庵直末として、正法寺と廣徳院は栖雲寺末として記載がなされている(13)。それでは、これら栖雲寺をはじめとする建長寺派寺院と妙心寺派寺院との関わりは、いかなる性格のものであろうか。

〔史料3(14)〕

覚

甲州成田村	正法寺
同所	吉祥寺
同所	福聚院
同国黒駒	廣徳寺
同国二宮	慈雲寺
同国平井	寶聚院
同国中川	世音寺
同国棗原	慈泉院

右八ヶ寺本末之筋目依之雑乱従建長寺就訴之、度々遂糺明、其上　公儀本末帳為建長寺末寺之旨在之条向後弥其通申付畢、然者寺院無荒廃、仏像・経巻・什物幷寺中之竹木等相違無之、建長寺役者江急度可相渡之者也

寛文十一辛亥年十月十八日

本　長門㊞
戸　伊賀㊞
小　山城㊞

当史料は、正法寺以下八か寺の本末の筋目が「雑乱」であるという建長寺からの訴えを受けた、幕府寺社奉行の本多忠利・戸田忠昌・小笠原長矩による申渡である。この八か寺は公儀本末帳では確かに建長寺派の寺院として記載されていることから、同寺の末寺とする旨を申し渡す内容をもつ。史料中で言う本末の筋目の「雑乱」とは、さきの史料にみえるような建長寺末寺と把握されながら、妙心寺およびその配下寺院と本末・配下関係を取り結ぶありようのことに相違ないだろう。元来、甲斐武田氏の菩提寺である栖雲寺およびその配下寺院は、同様に、武田氏の菩提寺である恵林寺をはじめ、妙心寺派寺院との結びつきが存在していたとみられる。

看過してはならないのが、元和・寛永期に本末帳の作成がなされていたにもかかわらず、さきにみたような宗派を越えた在地寺院同士の結びつきが、寛文期以前における実態として存在していた状況である。つまり、従前の本末帳では建長寺派寺院として把握されながらも、在地における実態としては妙心寺派寺院としての側面も有している、いわば本末帳の記載と実態とが乖離した状態が、少なくとも寛文期以前における建長寺派寺院の本末・配下関係の内実であった。それゆえ、本末帳の記載と乖離した実態を解消するべく、建長寺の訴えにより寺社奉行が栖雲寺末寺の本末・配下関係を確定させることが必要であったのである。

さて、つぎに示す史料は、寛文期から時代が下った宝暦十一年（一七六一）に作成された本末敗壊改派改追加帳の末尾に記された文書である。この追加帳作成の経緯には、宝暦三年の方丈再建の勧化にともない発覚した寛延二年（一七四九）作帳の建長寺本末帳における田原村金剛寺等一〇か寺余の落筆と、圓通寺末・寶珠寺末の写し洩れを補闕する目的があった。このうち本末改めを命じられた延享二年（一七四五）以後に、栖雲寺末八か寺と帰一寺末一三か寺がそれぞれ「直末之蜂起」、すなわち本末・配下関係の改編を願う動向をみせている。

〔史料4〕(15)

延享二年乙丑従　公儀諸宗本末敗壊改派御改ニ付帳面仕立指図之趣、本山・塔頭・十刹・諸山・小本寺・直寺・孫末・曽孫部類を分、可相改旨、但一寺之境内ニ被孕候村寺之塔頭者、寮舎同然ニ候得者其寺之肩書ニ寮舎輩宇と相認、公儀江弐冊、管寺江弐冊、金地院江弐冊可差上旨、従　録所差図有之ニ付、末山江相触不残為書上帳面ニ綴之、於末山ニ控帳共ニ都合八冊四通認揃候所、右御触ニ付天目山末八箇寺・帰一寺末十三ヶ寺直末之願蜂起ニ付出入片付候内、右之大帳差控候、右両寺願ニ付貞享・寛永之両帳、享保年中之末寺由緒を以致本山之證拠候得共、貞享・享保之両帳者一向御取用無之候、蓋此両帳者従　公儀之御改ニ而者無之、従金地院之改而向歟、但又此度御触之御文言故歟、専寛永十年之帳證拠ニ御取用被成候得共、是又致混雑不明白候、寛永帳面之儀者常住有来之帳面ニ而も無之、中古誰人歟古反古屋より買取龍源庵江寄進之由申伝候、仍而本末致混雑、凡役不足大凡成仕立ニ候、此帳面仕立之濫觴相考候処、寛永年中之国老松平伊豆守殿・林道春之舎兄歟林道喜江被申付候趣ニ而書通有之、其文詞言貴寺末建長寺末之分国郡付御朱印高御覚候分書付被差出候様ニと申、林道喜之書状帰源庵名充ニ而尓今圓覚寺帰源庵ニ依拠被致候、依之当時之役者記憶之分大略帳面ニ仕立差上候様ニ相見江候、然而不分明成如尤ニ候、右天目山・帰一寺両出入共ニ寛永帳面拍子悪敷證拠ニ不相立、本山僧籍帳者證拠ニ相成候、其後辰年於金地院天目山出入裁断受印不致ニ付、同年十二月於稲葉丹後守殿天目山香林・玉雲庵石門・廣徳庵梵首座退院被仰付、天目山者附庸、八箇寺者直末ニ被仰付候、其節雪巣儀当役ニ付専帰一寺出入吟味之内、従管寺御指図ニ而玉雲庵末別帳ニ仕立差上候処、建長寺末玉雲庵末と有之時者二重ニ相成紛敷相聞江候、畢竟謂者建長寺末玉雲庵掛と申物ニ而玉雲庵末ニ而者無之旨申之、丹後守殿御好之案詞と号し、玉雲庵掛帰一寺と言下書被相渡候得者、在府之衆相談之上其通相認差出候、此段御吟味之内而已暫時御取用者不苦候得共、若大帳ニも此例を以何庵掛と可被仰付も難計候得者、此段先達而届置可然旨於江府衆評之上、右之趣書付を以辰十二月廿八日丹後守殿役人森只右衛門・金地院役者敬波座元江、大帳者何庵末と仕可差上段届候処、大概御聞済之様子候得者、雪巣致御暇乞大晦日帰山、翌巳年自奉行所急ニ雪巣被召呼右之届書返却被成候、於金地院も敬波座元対談届書返却被致候、雪巣申候者此上者定ヲ大帳迚も何庵掛と可被仰付候、此義者何ヶ度も山中挙而御願可申上候、只今迄末山引分諸塔頭ニ而住持隠屋之進退共ニ塔頭ニ而致支配来候得者、全本庵ニ而何庵末ニ紛無御座候、依之寺用・公用共ニ何庵末と古来唱来候得者、今更何庵掛と新規之名目山中挙而御受難仕段申候得者、敬波被申候者末寺之進退諸事之支配、寺用・公用共ニ一切只今迄之通、尤山中如唱来何庵末と被呼不苦敷候、然時者大帳之奥書ニ諸塔頭ニ而致支配来候段書留可差上旨申候得者、可為勝手次第由被申候間、届書受取致帰宿候、翌年巳三月帰一寺一件落着、帰一寺願之義本山添願之通無相違被仰付候、然共小本寺・末寺共ニ閉門逼塞被申付候得者不及帳面之沙汰、御咎許容之後本末大帳差急相納候様ニ被申渡候、仍而天目山附庸之処江書出、同末八ヶ寺直末之部ニ書改候得者帳面前後致錯乱、加旃致挍合候得者国郡付書誤本末類例有之、亦逐一書改弥以奥書ニ塔頭十九箇院ニ而古来末寺之支配致来候通相違無御座候と書訖、寛延二年己巳五ヶ年目ニ漸大帳相納候、依之何庵掛と書上候得共何庵末と所々替候迄ニ而、其実者全何庵末ニ御座候、其後宝暦三酉年方丈再建ニ付右之帳面を以勧化致割賄、化主諸方江差出候処、田原村金剛寺等十箇寺余右之大帳落筆、其上圓通寺末二庵宝珠寺末と失写有之候ニ付、其通ニ差置候而者後難之程難計、金地院江願出、末寺帳補闕追加別帳仕立相納度旨願書左之通也

栖雲寺末八か寺と帰一寺末一三か寺の願意に対し、本寺である建長寺は本末・配下関係を規定する基礎台帳である

「貞享・寛永之両帳」に加え「享保年中之末寺由緒」を証拠とするも、これらのうち公儀の指示によって作成された寛永十年本末帳のみが採用された。ところが、寛永十年の本末帳は当時の寺院側の担当者からしても「本末致混雑、凡役不足」と認識されており、結局、栖雲寺・帰一寺の両末寺による出入において証拠として採用されず、代わりに本山僧籍帳が証拠となる台帳として用いられたようである(16)。

寛延元年十二月に至り寺社奉行の稲葉丹波守正益は、栖雲寺に対して建長寺の附庸、八か寺に対して建長寺塔頭廣徳庵の直末としての立場をそれぞれ仰せ付けている。そして、翌年に作帳された寛延二年の本末帳には新たに「附庸(17)」という分類が設けられ、そこに栖雲寺が明記されるとともに、元和二年と寛永十年の本末帳では栖雲寺が記載されていた塔頭廣徳庵の直末の立場には、正法寺を含む八か寺が書き加えられた。一方、帰一寺末一三か寺についても「帰一寺願之義本山添願之通無相違被仰付候」とあり、寛延二年に願意が聞き届けられたようである。もっとも、寛延二年前後の本末帳における帰一寺末の本末・配下関係をみると、徳運庵（豆州那賀郡船田村）・福源寺（同州賀茂郡南郷村）の二か寺が敗壊寺院から再興されているものの、これ以外の変化は本末帳から確認することができない(18)。

なお、栖雲寺に対する附庸の仰せ付けをめぐって、つぎの史料にもあわせてふれておきたい。

〔史料5(19)〕

覚

一、拙僧儀去ル巳年於金地院附庸ニ被仰渡、暫無住ニ而拙僧看守仕罷在候得共、永々無住ニ而者寺為不宜ニ付拙僧江栖雲寺住職被仰付継目転位首尾能相勤難有奉存候、勿論官寺ニ而者無之候得者外附庸と差異御座候間、至後代も於本山継目転位等如先規無相違相勤候様ニ以金地院仰渡之趣、此度於本山被仰付奉得其意候、為後證一札、如件

甲州八代郡初鹿野谷
栖雲寺㊞
恵　俊㊞
甲州八代郡高家村
心月院
碩　秀㊞

寛延四年辛未四月十一日

右之通栖雲寺江被仰渡奉承知候、以上

建長寺
役者禅師

当史料は、栖雲寺住職恵俊が継目転位にあたり建長寺に対して差し出した覚である。これによれば、栖雲寺は無住であった間、恵俊によって「看守」されてきたが、このたび栖雲寺が附庸に仰せ渡されるにあたり彼が住職に命じられたという。また、附庸とはいうものの、栖雲寺は宗派内において特別な立場にある「官寺」とは差異があるため、継目転位等の場合には本山において先規に則って執り行うよう、金地院から仰せ渡されている点には留意する必要があろう。つまり、栖雲寺は本末帳における記載が附庸となるものの、後述の十刹東漸寺のように法式においても特別な立場にあった「官寺」には及ばない立場であるという。一方で、栖雲寺末八か寺はすべて建長寺塔頭の直末に繰替えられることによって、建長寺派の本末・配下関係において、より高い寺格を得る結果となった。八か寺の内正法寺隠居が代々栖雲寺に入るという従来の慣例から推し量るならば、栖雲寺を附庸にするとともに、自らは建長寺直末という立場の獲得を望むという八か寺が抱いたとみられる二つの思惑は、いずれも達成されたとみるべきであろう。

ところで、「直末之蜂起」の処理過程において、公儀が証拠として採用しようとした寛永十年の本末帳の記述は、本末・配下関係を規定する証拠台帳としては不十分であり、結果本末帳の記載方法にまで議論がおよんでいる。とりわけ、寺社奉行稲葉正益は「建長寺末玉雲庵末と有之時者二重ニ相成紛敷」いとして「建長寺末玉雲庵掛」と表現するよう命じ、「在府之衆」の動揺を招いている。これに対して「在府之衆」は、「末山引分御塔頭ニ而住持隠屋之進退共ニ塔頭ニ而支配来候」とあるように、末寺支配において重要な役割を果たす塔頭の配下を表す文言として相応しい語句は、「掛」ではなく「末」であると主張するのである。結果として、寺社奉行と金地院は「末」から「掛」への表記の変更を「暫時御取用」、すなわち一時的な処置とするのではなく、本末帳（「大帳」）においても表記を改めるよう結論づけられた。

このほか、寛永十年本末帳をめぐって、十刹である東漸寺も、さきにみた栖雲寺と同様に寛文期に訴えを起こしている[20]。東漸寺は「関東十刹之官寺而為建長之附庸」と言われ、建長寺塔頭の配下には位置していない。ところが、「寛永十年本末帳誤以東漸載于同契之末寺[21]」とあるように、寛永十年の本末帳のなかでは建長寺塔頭同契庵の配下として東漸寺が記載されてしまっている。これによって「支配寺僧悉退散、諸檀亦離却」となり敗壊も危ぶまれたという。このような事例は、公儀によって作成された本末帳の有する寺院社会における影響力を物語っていよう。寛延二年の本末帳は寛永十年のそれと比べ、適正な本末・配下関係の把握に重きが置かれたことは言うまでもない。

二　公儀触れ巡達の経路と本末・配下関係

1 公儀触れ巡達経路の編成

鎌倉五山派、とりわけ建長寺派における公儀触れは通常の場合、①公儀→金地院僧録、②金地院僧録→鎌倉五山（金地院僧録の書状を添付）、③鎌倉五山第一位建長寺→第二位圓覚寺・第三位寿福寺・第四位浄智寺・第五位浄妙寺（建長寺の副翰を添付）、④各本山→各地の小本寺、⑤小本寺→孫末寺以下、といった順序でおおよそ巡達が行われている。在地寺院に巡達される際、本山廻状には送状が付されたが、もし送状がない場合は廻状が差し戻されてしまうこともあった[22]。少なくとも一八世紀半ばには本山廻状と送状とが一組で巡達されていたとみられる。なお、金地院僧録から下達される触れは、各本山の江戸宿坊が受け取り、末寺に巡達した[23]。

公儀触れの巡達方法および巡達経路の成立過程は、史料的制約からここでは明らかにし得ないが、享保十七年（一七三二）につぎの廻状が建長寺から末寺に対して巡達されている[24]。

〔史料6〕

子十二月末山江指遣候廻状之写

一、旧夏結制一会無障礙円穢、法門之盛事一派之光栄不可過之、山中不堪法喜候、各寺被抽丹悃助資有之、会中庫司等無不足相調、二百五十余員之衆僧致接待、世間儀共ニ珍重仕事ニ候、祖道回復之儀ニ候間、各寺可為随喜存候

一、旧夏登山之衆中任発起、当冬節者永々僧堂相続接待仕候、末派志有之僧侶致登山、於僧堂可致被勤候、尤幼学

之者も望次第致登山、読書等稽古可有候、第一此以後一派江住院有之僧者、先一両夏本山僧堂ニ相勤、本山之規定等見馴候而、住院有之様ニ可心掛候、其仁体次第山中ニ手出世取持可申候

一、兼而申談候通、闕乏之常住ニ候得者、格別之余計無之候、接待飯費等山中之力計ニ及不申候、先常住ゟ為僧堂供料、西来庵江納来候祠堂米拾石分、致寄附之候、不足之処者托鉢ヲ以テ相勤候様ニ可仕候、各寺労煩ニ候得共、一派興復之事ニ候間被申合、少々宛助資被致、永々僧堂相続有之様ニ頼存候、此以後僧堂不相続候而者、本末之恥辱ニ存候、猶又一派之僧者心掛致登山、僧堂も繁昌仕候様可被相心得候

一、只今迄も僧家者可為禁酒之処、中古猥ニ罷成候、此以後急度相慎、如何様之聚会有之共可為禁酒候事

一、向後本山廻状之節、帳面之末ニ空紙ヲ入置候間、小本寺之寺号幷相達候刻付印形可被致候、只今迄廻帖所々ニ滞候而、急　御用等少々間違候儀も有之候得共、刻付印形無之候而吟味難致候、向後左様可被相心得候、已上

子十二月　　建長寺参暇

僧　俊

末山中

右之趣奉得其意候、以上

当史料は、享保十七年に実施した結制（安居）[25]を契機に、本山僧堂に一両年勤め本山の規定を見馴らうこと、「闕乏之常住」のため僧堂相続に尽力すること、僧家の禁酒のことなどが達せられた廻状である。このうち傍線部をみると、本山廻状の巡達の際には触書帳面の末に空紙を入れておくので、小本寺は寺号に加え触れが届いた日時と印形を記すよう命じられている。従来廻状が所々で滞ってしまうことがあり急御用の際に間違いが生じてしまうこともあったという。ところが、その折に触書に刻付けと印形がなくては吟味も致しがたい、として廻状巡達の際に寺号・刻付

け・印形を認めるよう命じたのであった。享保期には、鉄炮改め・人別改め、さらには寺院の由緒や旧記・古記録の取調べに至るまで多様な公儀触書が農村と同様に到来しており(26)、なかには類似した触書もみられたことから、廻状が滞る場合もみられたのであろう。このような状況下において、結制実施に際した僧侶に対する心得の教諭のなかに本山廻状の巡達規定が盛り込まれることで、公儀触れ巡達に関わる整備が進められていったようである。

続いて、寛政十年(一七九八)「建長末山廻状巡次改」を基礎史料として、当時の建長寺派寺院における公儀触れ巡達における経路と組織について検討を行う。当史料は前述の巡達段階のうち④の段階で使用された文書と捉えられる。以下、史料の一部を掲出しよう。

〔史料7〕(27)

(表紙)「建長末山廻状巡次改」

一、廻章到着日付幷各寺院名前継初ゟ行留迄銘々所付之下江書誌シ無遅滞被致巡達、行留りゟ状箱本庵迄可被返候、以上

建長寺

役者

月

国分

座間

栗原

（中略）

右依于古牒写之、後来可為手本者也

寛政十戊午年小春日

当史料は、公儀触れの巡達地一三五か所の地名が列記された横帳の形態をとる文書である。末尾の記載には「右依于古牒写之、後来可為手本者也」とあり、従来の「古牒」が存在していたこと、そして寛政十年にその「古牒」を参照して巡次順を記したことが判明する。続いて、表2で列記された地名を確認すると、いずれの地名も建長寺派の小本寺が所在する箇所であることがうかがえよう。さらに、以下で述べるようにこれらの地名は触れの巡達順に規則性をもって列記されたもので、その巡達経路はつぎの七通りであったことが判明する。なお、これによって想定される巡達経路は図として示した。

①相州高座郡～津久井県～愛甲郡～津久井県～甲州都留郡～八代郡～都留郡（№1～37）

まず、冒頭に記される国分・座間・栗原は、いずれも相州高座郡に属する村落であり、相州高座郡から巡達地が明記されていることが知られる。同地は矢倉沢往還や八王子街道が通じる地であり、行き来には都合が良かったとみられる。つぎの新戸と橋本は相模川流域に立地する村で、さきの村よりも北側に位置する。一時往還筋に面する橋本に立ち寄ると、相模川を渡河し現在の津久井湖方面へ遡り津久井県に入ってゆく。津久井湖周辺の末寺に立ち寄った後はさらに西へ向かい現在の相模湖、そして北西方面の山間部にある佐野川に向かう。ここまでが相州である。

つぎに記されるのは甲州都留郡に位置する八米・日野・大蔵で、佐野川までの経路とは甲州道中沿いで接しているため、佐野川まで巡達を終えたのち、八米に触れを巡達したとみられる。ここでは、上野原宿の北側山間部の末寺と

表２　寛政10年　建長派寺院における公儀触れ巡達地および該当寺院

No.	地　名	巡　　次	系　　統	経路
1	国分	龍峯寺（相州高座郡国分村）	天源庵末寺	①
2	座間	心岩寺（相州高座郡座間村）	明月院末寺	
3	栗原	崇福寺（相州高座郡栗原村）	明月院末寺	
4	新戸	常福寺（相州高座郡新戸村）	明月院末寺	
5	田名	南光寺（相州高座郡田名村）	雲外庵末寺	
6	大島	清岩寺（相州高座郡大島村）	龍峯庵末寺	
7	橋本	香福寺（相州高座郡橋本村）	天源庵末寺	
8	寺沢	雲居寺（相州津久井県根古屋村）	妙高庵末寺	
9	桜野	光明寺（相州津久井県青山村）	同契庵末寺	
10	三ヶ木	長寿庵（相州津久井県三ヶ木村）	龍峯庵末寺	
11	吉野	浄光寺（相州愛甲郡吉野村） 新泉寺（相州愛甲郡吉野村）	天源庵末寺	
12	佐野川	圓通寺（相州津久井県佐野川村） 寶珠寺（相州津久井県佐野川村）	龍峯庵末寺	
13	八米	龍泉寺（甲州都留郡八米村）	長寿寺末寺	
14	日野	花岳寺（甲州都留郡日野村）	長寿寺末寺	
15	大蔵	威光寺（甲州都留郡大蔵村）	長寿寺末寺	
16	棡原	瑞光寺（甲州都留郡棡原村）	龍峯庵末寺	
17	西原	寶珠寺（甲州都留郡西原村）	妙高庵末寺	
18	小菅	寶生寺（甲州都留郡小菅村）	妙高庵末寺	
19	小河内	—		
20	野田尻	西光寺（甲州都留郡野田尻村）	長好院末寺	
21	鳥沢	圓福寺（甲州都留郡鳥沢村）	明月院末寺	
22	藤崎	妙楽寺（甲州都留郡藤崎村）	龍峯庵末寺	
23	猿橋	心月寺（甲州都留郡猿橋村）	明月院末寺	
24	加津野	常光寺（甲州都留郡葛野村）	明月院末寺	
25	押野	養福寺（甲州都留郡忍野村）	明月院末寺	
26	綱野上	全昌寺（甲州都留郡綱野上村）	明月院末寺	
27	天目山	栖雲寺（甲州八代郡初鹿野村）	廣徳庵末寺	
28	黒駒	廣徳寺（甲州八代郡黒駒村）	廣徳庵末寺	
29	夏目原	慈泉寺（甲州八代郡棗原村）	廣徳庵末寺	

No.	地　名	巡　　次	系　　統	経路
30	中川	世音寺（甲州八代郡中川村）	廣徳庵末寺	①
31	平井	寶珠寺（甲州八代郡平井村）	廣徳庵末寺	
32	成田	福聚院（甲州八代郡成田村）	廣徳庵末寺	
33	二之宮 （一之宮カ）	慈雲寺（甲州八代郡一宮村）	廣徳庵末寺	
34	高家	心月院（甲州八代郡高家村）	龍源庵末寺	
35	古関	永泰寺（甲州八代郡古関村）	龍源庵末寺	
36	秋山	真福寺（甲州都留郡秋山村）	明月院末寺	
37	河井	宗福寺（甲州都留郡川合村）	明月院末寺	
38	瀬谷	長天寺（相州鎌倉郡瀬谷村）	明月院末寺	②
39	吉岡	済運寺（相州高座郡吉岡村）	天源庵末寺	
40	恩馬	定国寺（相州高座郡恩馬村）	正宗庵末寺	
41	金田	建徳寺（愛甲郡金田村）	正宗庵末寺	
42	妻田	青松寺（相州愛甲郡妻田村）	明月院末寺	
43	厚木	長福寺（相州愛甲郡厚木町） 寶安寺（相州愛甲郡厚木町）	明月院末寺	
44	煤ヶ谷	正住寺（相州愛甲郡煤ヶ谷村）	寶泉庵末寺	
45	愛甲村	圓光寺（相州愛甲郡愛甲村）	回春庵末寺	
46	長沼村	香得寺（相州大住郡長沼村）	回春庵末寺	
47	小稲葉	養徳寺（相州大住郡小稲葉村）	向上庵末寺 回春庵末寺	
48	下谷	幢昌寺（相州大住郡下谷村）	向上庵末寺	
49	田村	妙楽寺（相州大住郡田村）	正統庵末寺	
50	小鍋島	慶徳寺（相州大住郡小鍋島村）	向上庵末寺	
51	沼目	泉龍寺（相州大住郡沼目村）	寶泉庵末寺	
52	平間村	廣済寺（相州大住郡下平間村）	向上庵末寺	
53	糟屋	神宮寺（相州大住郡糟谷村） 普済寺（相州大住郡下糟谷村） 大慈寺（相州大住郡下糟谷村）	龍源庵末寺 千龍庵末寺 千龍庵末寺	
54	田中	耕雲寺（相州大住郡田中村）	千龍庵末寺	
55	三之宮	能満寺（相州大住郡三之宮村）	明月院末寺	
56	大山	成就庵（相州大住郡三之宮）	明月院末寺	
57	蓑毛	寶蓮寺（相州大住郡蓑毛村）	龍源庵末寺	

No.	地　名	巡　　次	系　　統	経路
58	田原村	金剛寺(相州大住郡田原村)	龍源庵末寺	②
59	篠之窪	地福寺(相州足柄郡篠窪村)	廣徳庵末寺	
60	中村	禅龍寺(相州足柄郡中村原)	寶珠庵末寺	
61	前川	長泉寺(相州足柄郡前川村)	寶珠庵末寺	
62	田嶋	一徳寺(相州足柄郡田島村) 玉泉寺(相州足柄郡田島村)	龍峯庵末寺 寶珠庵末寺	
63	別堀	東学寺(相州足柄郡別堀村)	寶珠庵末寺	
64	曽我	法輪寺(相州足柄郡曽我村)	寶珠庵末寺	
65	山田	了義寺(相州足柄郡山田村)	廣徳庵末寺	
66	神縄	清龍寺(相州足柄郡神縄村)	龍源庵末寺	
67	御厨	青龍寺(駿州駿東郡御厨屋村)	龍源庵末寺	
68	三島	寶鏡院(豆州君沢郡三島町) 福聚院(豆州君沢郡三島町)	龍源庵末寺	
69	長沢	東光寺(駿州駿東郡長沢村)	龍源庵末寺	
70	安比沢	長福寺(豆州君沢郡安久村)	龍源庵末寺	
71	日守	東陽院(駿州駿東郡日守村)	龍源庵末寺	
72	八巻	香山寺(豆州田方郡八巻村)	報国寺末寺	
73	江間	東漸時(豆州君沢郡江間村) 北条寺(豆州君沢郡江間村) 寶積寺(豆州君沢郡江間村)	龍源庵末寺	
74	宇久須	明泉寺(豆州那賀郡宇久須村) 永明寺(豆州那賀郡宇久須村)	玉雲庵末寺帰一寺末寺	
75	川津	栖足寺(豆州加茂郡河津村)	龍源庵末寺	
76	北湯ヶ野	福昌寺(豆州那賀郡北湯ヶ野村)	龍源庵末寺	
77	河内	向陽院(豆州那賀郡河内村)	龍源庵末寺	
78	白浜	長田寺(豆州那賀郡白浜村)	龍源庵末寺	
79	下田	泰平寺(豆州那賀郡下田村) 理源寺(豆州那賀郡下田村)	龍源庵末寺	
80	手石	青龍寺(豆州那賀郡手石村)	龍源庵末寺	
81	下流	大慈寺(豆州加茂郡下流村)	龍源庵末寺	
82	長津呂	正眼寺(豆州加茂郡長津呂村) 守源寺(豆州加茂郡長津呂村)	龍源庵末寺	
83	入間	海蔵寺(豆州加茂郡入間村)	龍源庵末寺	
84	加納	寶伝寺(豆州加茂郡二条村)	龍源庵末寺カ	

No.	地　名	巡　　次	系　　統	経路
85	子浦	潮音寺（豆州加茂郡子浦村） 海福寺（豆州加茂郡子浦村）	龍源庵末寺	②
86	市瀬	慈眼寺（豆州加茂郡市瀬村）	龍源庵末寺	②
87	岩科	永禅寺（豆州加茂郡岩科村） 常在寺（豆州加茂郡岩科村）	玉雲庵末寺帰一寺末寺	②
88	那賀	帰一寺（豆州那賀郡船田村）	玉雲庵末寺	②
89	仁科	候補多数　※いずれも帰一寺末寺	玉雲庵末寺帰一寺末寺	②
90	新町	福聚寺（武州橘樹郡新町）	廣徳庵末寺	③
91	神奈川	—		③
92	品川	清徳寺（武州荏原郡品川）	雲外庵末寺	③
93	足立	長徳寺（武州足立郡芝郷）	廣徳庵末寺	③
94	新倉郷	金泉寺（武州新座郡下新倉村）	龍源庵末寺	③
95	野口	正福寺（武州多摩郡野口村）	明月院末寺	③
96	仙谷郷	—		③
97	立川	普済寺（武州多摩郡立川村）	天源庵末寺	③
98	羽村	禅林寺（武州多摩郡羽村）	龍源庵末寺	③
99	二之宮	—		③
100	小宮領	—		③
101	平沢村	廣済寺（武州多摩郡平沢村）	雲外庵末寺	③
102	新町	洪福寺（武州橘樹郡芝生村）	雲外庵末寺	③
103	秋留郷	廣徳寺（武州多摩郡小和田村）	回春庵末寺	③
104	戸倉郷	光厳寺（武州多摩郡戸倉村）	廣徳庵末寺	③
105	檜原	吉祥寺（武州多摩郡桧原村）	廣徳庵末寺	③
106	三田	—		③
107	長渕	玉泉寺（武州多摩郡長淵村）	向上庵末寺	③
108	高麗	勝音寺（武州高麗郡栗坪村）	龍源庵末寺	③
109	越生	玉法寺（武州高麗郡越生村）	雲外庵末寺	③
110	入間村	興徳寺（武州入間郡下吾野村）	龍源庵末寺	③
111	日影	金錫寺（武州高麗郡日影村）	龍源庵末寺	③
112	秩父	金仙寺（武州秩父郡大宮郷） 太陽寺（武州秩父郡大滝村） 圓融寺（武州秩父郡影森村） 永法寺（武州秩父郡下吉田村）	明月院末寺 正統庵末寺 明月院末寺 明月院末寺	③
113	前橋小出村	香集寺（上州勢多郡前橋小出村）	寶珠庵末寺	④
114	沼目川場村	吉祥寺（上州利根郡川場村）	寶珠庵末寺	④

No.	地　名	巡　　次	系　　統	経路
115	桐生	東禅寺（上州山田郡小倉村）	龍源庵末寺	④
116	足利	浄林寺（下野足利郡五十部村） 福厳寺（下野足利郡本町）	明月院末寺	
117	佐野	東光寺（下野安蘇郡植野村） 龍鏡寺（下野安蘇郡新里村）	龍源庵末寺 玉雲庵末寺	
118	榎之本	—		
119	埼玉	安楽寺（武州埼玉郡埼玉村）	報国寺末寺	
120	真壁	祥光寺（常州真壁郡本木村） 安楽寺（常州真壁郡長岡村） 光明寺（常州真壁郡山尾村）	龍源庵末寺	⑤
121	杉田	東漸寺（十刹・武州久良岐郡杉田村）	十刹	⑥
122	富岡	悟心庵（武州久良岐郡富岡村） 長昌庵（武州久良岐郡富岡村） 清原庵（武州久良岐郡富岡村）	明月院末寺	
123	釜利谷	東光寺（武州久良岐郡釜利谷村）	正宗庵末寺	
124	六浦	金龍院（武州久良岐郡六浦村） 嶺松寺（武州久良岐郡六浦村）	龍峯庵末寺	
125	瀬ヶ崎	大寧寺（武州久良岐郡瀬崎村）	正宗庵末寺	
126	浦之郷	自徳寺（相州三浦郡浦郷村）	龍源庵末寺	
127	長柄	福厳寺（相州三浦郡長柄村） 開心寺（相州三浦郡長柄村） 長徳寺（相州三浦郡長柄村）	龍峯庵末寺	
128	矢部	満昌寺（相州三浦郡大矢部村）	龍源庵末寺	
129	金田	清伝寺（相州三浦郡金田村） 福寿寺（相州三浦郡金田村）	天源庵末寺 妙高庵末寺	
130	岩浦	—		
131	松輪	福泉寺（相州三浦郡松輪村）	妙高庵末寺	
132	勝山	法福寺（房州平郡勝山村）	長寿寺末寺	⑦
133	下佐久間	天寧寺（房州平郡下佐久間村）	長寿寺末寺	
134	保田	秀東寺（房州平郡大帷子村）	長寿寺末寺	
135	稲村	玉泉寺（房州安房郡稲村）	長寿寺末寺	
136	海発	自性院（房州安房郡海発村）	長寿寺末寺	
137	珠子谷	慈雲寺（房州安房郡珠師谷村）	長寿寺末寺	

典拠）寛政10年「建長末山廻状巡次改」（建長寺文書）を基に、天明７年「禅宗済家鎌倉五山建長寺本末牒」（建長寺文書）と照合し作成。ダッシュの箇所は照合ができなかった寺院である。

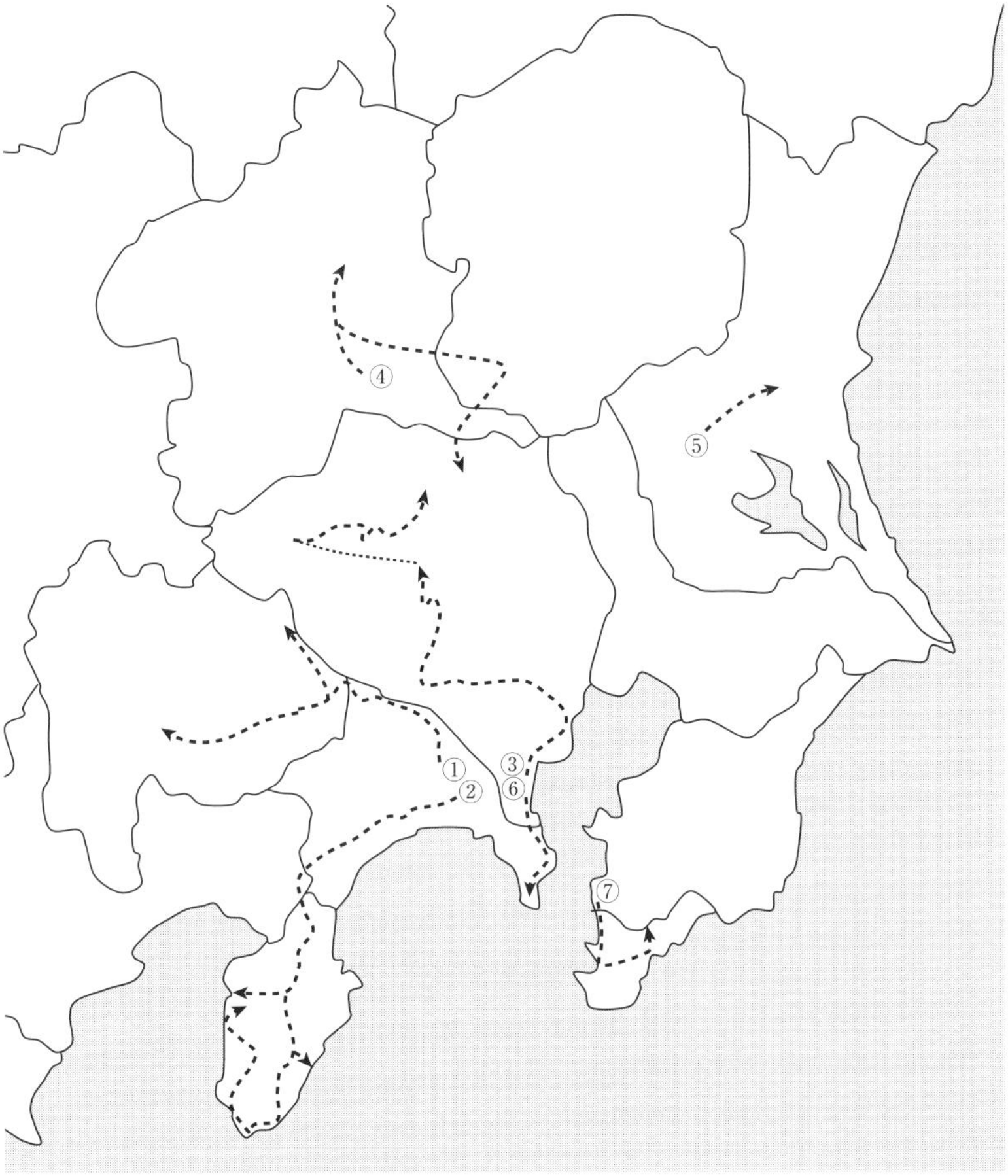

公儀触れ巡達経路　想定図

西側の甲州道中沿いに位置する末寺というように二通りの経路がみられる。うち山間部の経路は、八代郡の末寺に対する巡達を担ったと考えるのが妥当であろう。

②相州鎌倉郡〜高座郡〜愛甲郡〜大住郡〜足柄郡〜駿州駿東郡〜豆州君沢郡〜駿州駿東郡〜豆州田方郡〜那賀郡〜加茂郡（No.38〜89）

続いて記されるのは相州南部に位置する瀬谷（鎌倉郡）・吉岡（高座郡）・恩馬（同郡）以下の村落である。これらの村落は鎌倉郡・高座郡・愛甲郡・大住郡そして足柄郡に位置しており、記載順に西方へ向かい巡達する経路である。巡達地は金田の渡し場や厚木町をはじめ矢倉沢往還沿いに立地しており、実際の巡達も往還に沿って行われたと考えられる。矢倉沢往還の西端は足柄峠であり、神縄の清龍寺と御厨の青龍寺まではこの経路によって辿ることができる。

つぎに記される巡達地は三島町であり、矢倉岳の西方に位置する青龍寺からは一五〜二〇キロメートルの里程があるものの、往還沿いに南下すると三島町に至ることはできる。三島町からは狩野川に沿って南下しながら韮山付近の江間村まで巡達することができる。ところが、つぎに記される宇久須は同じ豆州でも伊豆半島の西岸に位置するため、修善寺近辺から山間部の間の往還を通ったか、あるいは別経路で巡達がされたとみられる。一方、加茂郡川津以下の巡達地は半島の東岸であり、続く北湯ヶ野は沿岸部よりも内陸の山間部に位置することから、さきの経路とは全くの別経路で川津から北湯ヶ野そして河内というように半島東の沿岸部から山間部をめぐったのち南下し半島南岸の白浜、下田以下に至ったと考えられよう。半島南端の末寺に巡達したのち入間からは再び内陸の山間部に入り北上し、市瀬・岩科を経て半島西岸（現在の松崎港）に出て、那賀・船田といった小本寺帰一寺とその末寺が所在する地域で豆州の巡達は終わる。

③武州橘樹郡〜荏原郡〜足立郡〜新座郡〜多摩郡〜高麗郡〜入間郡〜高麗郡〜秩父郡（No.90〜112）

武州の経路は橘樹郡新町、神奈川宿から品川へと東海道筋から始まる。品川から芝に移ると、中山道筋から新倉郷へ向かい、さらに多摩郡の村々に巡達していく。なかには地名で判別ができない寺院があり巡達経路が明確でない箇所もあるが、現在のあきる野市・青梅市から入間・都幾川を経て秩父に至る経路である。ほかの経路に比べて寺院同士の里程が離れている場合が多く、一つの経路ではなく、いくつかに分けられていたとも考えられる。

④上州勢多郡～利根郡～山田郡～野州足利郡～武州埼玉郡（No.113～119）

上州の巡達地は前橋・沼目・桐生というように上州を北上する形で巡達が始まる。そして野州に入り、足利・佐野・榎之本と南下するなかで巡達を行い、川俣で利根川を渡河し館林道を通り武州埼玉郡埼玉村に至る経路を辿る。

⑤常州真壁郡（No.120）

常州は国内および近隣において末寺が限られているため、江戸宿坊等からついでの折に単独で巡達がなされたとみられる。

⑥武州久良岐郡～相州三浦郡（No.121～131）

十刹東漸寺の所在する杉田村から相州三浦半島の南端に向かって南下する経路である。たとえば、東漸寺に伝来する天明六年（一七八六）「御触書写記」には、公儀触書が建長寺から触れられた際、東漸寺から「富岡江致巡達候」「富岡悟心庵江達ス」「富岡長昌庵江致廻達候」などと記されており、寛政十年「建長末山廻状巡次改」に列記された順序に従って巡達が行われていた様子がわかる。(28)

⑦房州平郡～安房郡（No.132～135）

房総半島西岸の勝山から沿岸を北上し下佐久間・保田をめぐると、続く稲村はそれより南方の内陸にある。海発は半島中ほどの東岸であり、その内陸に位置する珠師谷で房州における巡達は終わる。

このように、巡達経路は複数設けられ、かつ地理的な条件によっては複数の国郡を越えた経路も設定されていた。たとえば、①と②の場合が典型的で、①は街道・往還・河川に沿った形態、②は山間部の街道・往還に沿った形態をそれぞれ採用していたことがうかがえよう。対して、③〜⑦は巡達地同士が遠隔地、あるいは寺院の所在地が明らかでないことから、①と②ほど明確な経路を示すことは難しい。そのようななかで、各経路の地理的な条件および街道・往還筋に基づいて巡達順が定められているという性格は、いずれの経路も共通している傾向が見出すことができよう。

また、各経路に配されている小本寺の本末・配下関係に目を向けると、甲州・駿州・豆州・上州・野州・房州・常州においては、所属する塔頭が同一である寺院がある程度まとまりをもって編成されている。言い換えると、末寺の地域分布がおおよそ塔頭単位で広がりをみせていたということを示していよう。一方、武州と相州においては、所属する塔頭が不同である寺院が同一経路に編成されている場合が多く見受けられる。表1で示したように、武州と相州の末寺数はほかの国よりも多く、前述のように触れの巡達経路の編成は交通網を一つの基準としていることから、同国内でも別々の経路に編成される場合があった。裏を返せば、武州と相州における巡達経路は、各塔頭における末寺分布が錯綜した形態で編成されたことによって、同一経路上に所属する塔頭の異なる末寺が複数含まれることになったと考えられよう。

したがって、甲州・駿州・豆州・上州・野州・房州・常州の巡達経路は、本末・配下関係に準ずる編成を受けることになった。対して、武州と相州の経路は、末寺数の多さや交通網を基準とする編成方法の影響を受けることにより、本末・配下関係における同じ法類寺院同士のまとまりは、必ずしも顕著にはみられない形態を取ることになったのである。

2　公儀触れ巡達にみる本末・配下関係

前述のとおり、触れの巡達経路において本末・配下関係、とりわけ同一法類の寺院同士のまとまりは地域によって濃淡が生じていた。それでは、実際に公儀触れ巡達にあたって本末・配下関係を在地寺院がどれほど意識していたのであろうか。限られた史料からではあるが考察を試みたい。

〔史料8〕(29)

乍恐以書付奉願上候者

一、此度拙寺幷門下惣檀中御願申上候、御公儀御触書御本山御廻状之儀、先規者順達有之候処ニ、近年来大宮金仙寺より門下江御写被相廻候節、拙寺江も門下一同ニ被相廻候而、白久村安養寺より継来候、御本山直末ニも御座候得者、何卒先規之通拙寺迄順達有之御直触御廻状御本書奉拝見候様ニ被　仰付被下候ハヽ、難有奉存候、尤順達之儀者、大宮郷・下影森村・新大滝・下吉田村ニ而順次ニも奉存候、右願之趣御勘弁之上、末々異論ケ間敷儀出来差支無之様、以御慈愛被為　仰付被下置候者、願之者共一同難有奉存候、以上

秩父郡新大滝

願　人　太　陽　寺㊞

祖梁

安永六年酉四月日

門下惣代　室　生　寺㊞

檀中惣代　儀右衛門㊞

建長寺
役者禅師

当史料は「福山常住日記牒」にも留められている安永六年（一七七七）四月付の願書である。願人の太陽寺は建長寺塔頭正統庵の末寺で、武蔵国秩父郡大滝村に所在する小本寺の一つである。願書によると、これまで公儀触れと廻状は本山である建長寺から太陽寺に直接巡達されていた。ところが、近年は建長寺塔頭明月院末寺の金仙寺（秩父郡大宮郷）から門下へ触書の「御写」が廻達されるなかで、太陽寺へもそれが安養寺から廻達されている。太陽寺は「御本山直末」でもあり、以前のように本山から触書廻状を受け取り、「御直触御廻状御本書」を拝見できるよう仰せ付けられたいと述べている。

表2の寛政十年（一七九八）段階の巡達経路を確認すると、太陽寺と金仙寺はいずれも「秩父」地域の小本寺に該当する。また、太陽寺は自らが主張するように建長寺塔頭正統庵の末寺として寛延二年（一七四九）の本末帳において把握されている。つまり、太陽寺が述べるように以前から「御直触御廻状御本書」が「拙寺迄順達」されていた場合、今回の事態は本末・配下関係にそぐわない巡達であったといえよう。そのため、太陽寺は建長寺派寺院における自らの立場が表現されている巡達方法に近年動揺が生じたことを懸念し願書を認めたのである。こののち、当願書がどのように取り扱われたかは定かではないが、小本寺が公儀触れ巡達を本末・配下関係の表出する行為としてみなしていた一端をうかがい知ることができよう。

ところで、前述の寛政十年「建長末山廻状巡次改」の記載は前述のとおり巡達地のみであり、寺院やその員数を特定しているわけではなかった。ところが、太陽寺が「順達之儀者、大宮郷・下影森村・新大滝・下吉田村ニ而順次」と述べるところをみると、実際に在地では巡達順が明確に定められていたことも明らかになる。

おわりに

本稿では、建長寺派寺院における本末・配下関係の改編・定着の動向を踏まえ、公儀触れ巡達の視点から在地寺院の編成について検討を試みた。最後に、明らかになった点と展望を述べておきたい。

江戸幕府は諸宗寺院に対して寛永十年（一六三三）に本末帳を作成させ、以後これを本末の筋目を証明する基礎台帳とした。ところが、寛永の本末帳は当時の諸宗寺院における本末・配下関係を把握したものではなく、(30) 建長寺派寺院もこの例に漏れなかった。本末帳の記載と実態とが乖離した曖昧な本末・配下関係の状態が、少なくとも寛文期まで尾を引いており、江戸幕府と建長寺はこうした「雑乱」した本末の筋目を、公儀で改めた本末体制に沿った形態に確定させていくのであった。(31) もっとも、基礎台帳である寛永の本末帳自体の不備はこの時期からすでに指摘されており、本末の筋目をめぐる出入も生じていた。それゆえ、名実ともに本末・配下関係の整備が遂げられるのは、本末帳に加えて本末敗壊・改派帳の作帳が実現する寛延二年（一七四九）の本末改めを待たねばならなかった。

近世における公儀触れの巡達経路は、寛延二年までに捉え直された本末・配下関係に沿う形でおおよそ編成されることになる。編成の基準は地理的な巡達条件を鑑みて、街道・往還等の交通網に沿った経路を採用したとみられ、自然と、地域ごとに分布する同一法類の寺院同士が同じ経路に編成されていった。ところが、武州と相州においては上記の要素に加え、総体的な末寺数の多さゆえに、異なる法類の寺院同士が同じ経路に編成される例もみられる。このように、建長寺派寺院における公儀触れの巡達は、他宗派でみられるような数か国あるいは一か国ごとに触頭が置かれる体制ではなく、建長寺塔頭の配下に位置する末寺（小本寺あるいは末寺）(32)同士を複数の巡達経路に編成することによって遂げられていたのである。

この巡達において重要な役割を果たしていたのは、建長寺塔頭と小本寺の両者である。塔頭は末寺支配の起点として機能しており[33]、末寺からの願書を金地院僧録や幕府寺社奉行に上申する際、この塔頭が奥書と添書を認めている。巡達にあたっては、触れの内容によって巡達の必要の有無を選別した上で巡達を実施していたことが、建長寺「常住日記」の複数の記事から明らかである[34]。一方、小本寺は孫末寺以下を抱える寺院であり、巡達された触れをさらに下達する役割を担った。公儀触れを留めた記録類が小本寺に比較的多く伝来している傾向は、巡達における役割を果たしていた性格を傍証するものといえる。また、小本寺は巡達経路において役割を担った反面、公儀触れの巡達という行為自体にも特別な意識を抱いていた。すなわち、本寺の直末に対する「御直触御廻状御本書」の巡達という行為が、本寺と自らにおける本末・配下関係を再確認する機会として認識されていたのである。

以上のように、建長寺派寺院における在地寺院の編成において、寛永十年の本末帳作帳以後も存続していた旧来の在地における宗派を越えた結びつきを解消し、さらに本末・配下関係の実態を把握し直してゆく動向は、寛延二年の本末改めによって一応の定着をみたと考えられる。そして、本末・配下関係の改編が進められるとともに、公儀触れ巡達の経路と方法もまた定着してゆくものと見通すことができよう。それゆえ、本末・配下関係に矛盾しない形態をとった公儀触れの巡達経路は、本寺と小本寺以下の寺院に受容されていった。言い換えるならば、公儀触れ巡達の経路や方法は、それ自体の意味のほかに、本末・配下関係の筋目や序列を色濃く示すものとして、在地寺院に受容されたのである。在地寺院、とりわけ本山の直触が廻達される小本寺層は、本山からの公儀触れ巡達経路編成の受容を、自らの寺格の保障と同一視していたのである。

ところが、公儀本末帳に基づく本末・配下関係を、在地寺院における巡達経路に対して厳密に反映させることは、巡達地域における末寺数の多少、地理的な立地、効率性等といった問題を孕んだ巡達の実態をふまえると、当然ながら難しい場合もあった。だからこそ、ひとたび本末・配下関係にそぐわない巡達経路や方法によって巡達がなされた場合、自らの寺格が軽んじられたとみなし、本末・配下関係に則した経路と方法を求める願書を差し出すことさえあった。つまり、本末・配下関係が確定・定着してゆく一八世紀半ば以降には、公儀触れ巡達と本末・配下関係を同一視する小本寺層を中心として、新たな本末争論が引き起こされてゆくこととなるのである。

本末・配下関係が確定し、公儀触れ巡達経路が浸透することで、臨済宗建長寺派における在地寺院の編成は進展を遂げたようにみえるが、それらを受容し、一定度の役割を遂げた小本寺層には矛盾と捉えられる一面が新たに生じ始める。ここに、建長寺派寺院における従来の本末・配下関係と深く関わる公儀触れ巡達の体制における限界が表出しているのであり、両者の論理が両立する体制への方針転換の必要性を突きつけられたものとみなすことができよう。

以後の在地寺院における触れ伝達の様子について、詳細を明らかにすることは叶わないが、明治初年段階における触れ巡達の経路を記した文書が建長寺に伝来している。(35) 当史料の分析は筆者の力量を越えるため本稿では留保するが、参考として表3にその巡達経路を示した。これをみると、寛政十年（一七九八）「建長末山廻状巡次改」とは巡達経路が全く異なっている様子がみてとれる。寛政十年以降、明治初年に至るまで、巡達経路が具体的にどの時期に変容するのかは不分明であるが、前述の本末・配下関係と公儀触れ巡達の体制に何らかの変容がもたらされることによって、明治初年の巡達経路に結びついてゆくものとして捉えたい。

なお、本稿では主に本山建長寺や小本寺に伝来する史料に依拠して検討を試みたため、個別の本末・配下関係や、巡達経路における小本寺や末寺の動向を詳細に把握する迄に至らなかった。明治初年における巡達経路の分析を含めて課題は山積しているが、検討は後日に期す。

表3　明治初年　触頭受持寺構成

相州大住・高座・愛甲・足柄上下五郡派内一円触頭

触頭	受持寺(計36か寺)	系統
千龍庵(塔頭)末寺 普済寺(糟屋)	正住寺(相州愛甲郡煤ヶ谷)	寳泉庵(塔頭)末寺
	長生寺(相州大住郡小稲葉)	回春庵(塔頭)末寺
	幢昌寺(相州大住郡下谷)	向上庵(塔頭)末寺
	妙楽寺(相州大住郡田村)	正統庵(塔頭)末寺
	慶徳寺(相州大住郡小鍋嶋)	向上庵(塔頭)末寺
	清雲寺(豊田)	天明7年本末帳記載なし 『末寺編』に記載あり
	大慈寺(相州大住郡下糟屋) 文書には「糟谷」とあり	千龍庵(塔頭)末寺
	廣済寺(相州大住郡下平間) 文書には「平間」とあり	正統庵(塔頭)末寺
	蔵福寺(相州大住郡池端村) 文書には「沼目」とあり	寳泉庵(塔頭)末寺
	泉龍寺(相州大住郡沼目村)	寳泉庵(塔頭)末寺
	耕雲寺(相州大住郡田中村)	千龍庵(塔頭)末寺
	能満寺(相州大住郡三之宮)	明月院(塔頭)末寺
	成就庵(相州大住郡坂本村) 文書には「大山」とあり	千龍庵(塔頭)末寺
	寳蓮寺(相州大住郡蓑毛村)	龍源庵(塔頭)末寺
	金剛寺(相州大住郡田原)	龍源庵(塔頭)末寺
	心岩寺(相州高座郡座間村)	明月院(塔頭)末寺
	済運寺(相州高座郡吉岡村)	天源庵(塔頭)末寺
	崇福寺(相州高座郡栗原村)	明月院(塔頭)末寺
	龍峰寺(相州高座郡国分村)	天源庵(塔頭)末寺
	常福寺(相州高座郡新戸村)	明月院(塔頭)末寺
	建徳寺(相州愛甲郡金田村)	正宗庵(塔頭)末寺
	定国寺(相州高座郡恩馬村)	正宗庵(塔頭)末寺
	青松寺(相州愛甲郡妻田村)	明月院(塔頭)末寺
	長福寺(相州愛甲郡厚木町)	明月院(塔頭)末寺
	寳安寺(相州愛甲郡厚木町)	明月院(塔頭)末寺
	圓光寺(相州愛甲郡愛甲村)	回春庵(塔頭)末寺
	香得寺(相州大住郡長沼村)	回春庵(塔頭)末寺
	地福寺(相州足柄郡篠窪村)	廣徳庵(塔頭)末寺
	東際寺(小竹)	天明7年本末帳記載なし 『末寺編』に記載あり
	長泉寺(相州足柄郡前川村)	寳珠庵(塔頭)末寺
	禅龍寺(相州足柄郡中村原)	寳珠庵(塔頭)末寺
	一徳寺(相州足柄郡田島村)	龍峯庵(塔頭)末寺

	玉泉寺（相州足柄郡田島村）	寶珠庵（塔頭）末寺
	東学寺（相州足柄郡別堀村）	寶珠庵（塔頭）末寺
	法輪寺（相州足柄郡曽我村）	寶珠庵（塔頭）末寺
	了義寺（相州足柄郡山田村）	廣徳庵（塔頭）末寺

豆州田方・君沢両郡派内一円触頭　兼駿州駿東郡４か寺

触頭	受持寺（計12か寺）	系統
報国寺（塔頭）末寺 香山寺（八巻）№72	福聚院（豆州君沢郡三島町）	龍源庵（塔頭）末寺
	寶鏡寺（豆州君沢郡三島町）	龍源庵（塔頭）末寺
	寶積寺（豆州君沢郡北江間村） 文書には「江間」とあり	龍源庵（塔頭）末寺
	東漸寺（豆州君沢郡江間村）	龍源庵（塔頭）末寺
	北条寺（豆州君沢郡江間村）	龍源庵（塔頭）末寺
	清龍寺（相州足柄郡神縄村）	龍源庵（塔頭）末寺
	青龍寺（駿州駿東郡御厨屋村） 文書には「増田」とあり	龍源庵（塔頭）末寺
	西光寺（駿州駿東郡大胡田村）	龍源庵（塔頭）末寺
	万昌寺（駿州駿東郡大御神村）	龍源庵（塔頭）末寺
	長福寺（豆州君沢郡安久村） 文書には「安比澤」とあり	龍源庵（塔頭）末寺
	東光寺（駿州駿東郡長沢村）	龍源庵（塔頭）末寺
	東陽院（駿州駿東郡日守村）	龍源庵（塔頭）末寺

豆州那賀・加茂両郡派内一円触頭

触頭	受持寺（計４か寺）	系統
玉雲庵（塔頭）末寺 帰一寺（船田）	慈眼寺（豆州加茂郡市瀬村）	龍源庵（塔頭）末寺
	法伝寺（賀納） 寶伝寺（豆州加茂郡二条村）カ	龍源庵（塔頭）末寺カ
	潮音寺（豆州加茂郡子浦村）	龍源庵（塔頭）末寺
	海福寺（豆州加茂郡子浦村）	龍源庵（塔頭）末寺

豆州加茂郡派内一円触頭

触頭	受持寺（計10か寺）	系統
龍源庵（塔頭）末寺 海蔵寺（入間）	正眼寺（豆州加茂郡長津呂村）	龍源庵（塔頭）末寺
	守源寺（豆州加茂郡長津呂村）	龍源庵（塔頭）末寺
	栖足寺（豆州加茂郡河津村）	龍源庵（塔頭）末寺
	林際寺（豆州加茂郡沢田村）	龍峯庵（塔頭）末寺
	福昌寺（豆州加茂郡北湯ヶ野村）	龍源庵（塔頭）末寺

	向陽院（豆州加茂郡河内村） 長田寺（豆州加茂郡白浜村） 泰平寺（豆州加茂郡下田村） 理源寺（豆州加茂郡下田村） 大慈寺（豆州加茂郡下流村） 青龍寺（豆州加茂郡千石村）	龍源庵（塔頭）末寺 龍源庵（塔頭）末寺 龍源庵（塔頭）末寺 龍源庵（塔頭）末寺 龍源庵（塔頭）末寺 龍源庵（塔頭）末寺

武州久良岐郡派内一円触頭

触頭	受持寺（計８か寺）	系統
廣徳庵（塔頭）末寺 福聚寺（程ヶ谷駅）No.90	東漸寺（武州久良岐郡杉田村）	十刹
	長昌寺（武州久良岐郡富岡村）	明月院（塔頭）末寺
	悟心庵（武州久良岐郡富岡村）	明月院（塔頭）末寺
	両源庵（富岡村） 清原庵（武州久良岐郡富岡村）カ	明月院（塔頭）末寺カ
	東光寺（武州久良岐郡釜利谷村）	正宗庵（塔頭）末寺
	金龍院（武州久良岐郡六浦村）	龍峯庵（塔頭）末寺
	太寧寺（武州久良岐郡瀬崎村）	正宗庵（塔頭）末寺
	長天寺（相州鎌倉郡瀬谷村）	明月院（塔頭）末寺

武州足立・新座・埼玉三郡派内一円触頭

触頭	受持寺（計２か寺）	系統
廣徳庵（塔頭）末寺 長徳寺（芝村）No.93	金泉寺（武州新座郡下新倉） 文書には「新倉」とあり	龍源庵（塔頭）末寺
	安楽寺（武州埼玉郡埼玉村）	報国寺（塔頭）末寺

武州橘樹郡兼荏原郡派内一円触頭

触頭	受持寺（計３か寺）	系統
廣徳庵（塔頭）末寺 寿福寺（菅郷）	松蔭寺（武州橘樹郡寺尾村）	雲外庵（塔頭）末寺
	洪福寺（武州橘樹郡芝生村）	雲外庵（塔頭）末寺
	清徳寺（武州荏原郡品川駅）	雲外庵（塔頭）末寺

武州多摩郡派内一円触頭

触頭	受持寺（計16か寺）	系統
天源庵（塔頭）末寺 普済寺（立川）No.97	普門寺（野辺） 普門寺（武州多摩郡伊奈村）カ	廣徳庵末光厳寺末寺カ
	正福寺（武州多摩郡野口村）	明月院（塔頭）末寺
	一峰院（武州多摩郡羽村）	妙高庵（塔頭）末寺

	禅林寺（武州多摩郡羽村）	龍源庵（塔頭）末寺
	廣済寺（武州多摩郡平沢村）	雲外庵（塔頭）末寺
	東禅寺（武州多摩郡新村） 文書には「新町」とあり	妙高庵（塔頭）末寺
	玉泉寺（武州多摩郡長渕）	向上庵（塔頭）末寺
	廣徳寺（武州多摩郡留浦村） 文書には「秋留郷」とあり	妙高庵（塔頭）末寺
	光厳寺（武州多摩郡戸倉村）	廣徳庵（塔頭）末寺
	吉祥寺（武州多摩郡桧原村）	廣徳庵（塔頭）末寺
	普門寺（武州多摩郡河内村） 文書には「小河内」とあり	妙高庵（塔頭）末寺
	門覚寺（武州多摩郡原村） 文書には「同郷（小河内）」とあり	妙高庵（塔頭）末寺
	南養寺（武州多摩郡谷保村） 文書には「同郷（小河内）」とあり	天源庵末普済寺末寺
	寶福寺（武州多摩郡峯村） 文書には「同郷（小河内）」とあり	妙高庵（塔頭）末寺
	廣徳寺（武州多摩郡小和田村） 文書には「同郷（小河内）」とあり	回春庵（塔頭）末寺
	浄光院（武州多摩郡小河内村） 文書には「同郷（小河内）」とあり	妙高庵（塔頭）末寺

武州高麗・入間両郡派内一円触頭

触頭	受持寺（計３か寺）	系統
明月院（塔頭）末寺 金錫寺（日影村）	興徳寺（武州入間郡下吾野村）	龍源庵（塔頭）末寺
	勝音寺（武州高麗郡栗坪村）	龍源庵（塔頭）末寺
	玉法寺（武州高麗郡越生村）	雲外庵（塔頭）末寺

武州秩父郡派内一円触頭

触頭	受持寺（計３か寺）	系統
明月院（塔頭）末寺 金仙寺（□　□）№94 （虫損）	圓融寺（武州秩父郡影森村）	明月院（塔頭）末寺
	永法寺（武州秩父郡下吉田村）	明月院（塔頭）末寺
	太陽寺（武州秩父郡大滝村） 文書には「大日向」とあり	正統庵（塔頭）末寺

上州勢多・山田・利根三郡派内一円触頭

触頭	受持寺（計７か寺）	系統
龍源庵（塔頭）末寺 東禅寺（桐生）	吉祥寺（上州利根郡川場村） 文書には「沼田川場」とあり	寶珠庵（塔頭）末寺

	西方寺(上州山田郡久方村)	龍源庵(塔頭)末寺
	崇禅寺(上州山田郡小倉村)	龍源庵(塔頭)末寺
	永明寺(上州山田郡須永村)	龍源庵(塔頭)末寺
	寶徳寺(上州山田郡仁田山村) 文書には「中仁田山」とあり	龍源庵(塔頭)末寺
	香集寺(上州勢多郡前橋小出村)	寶珠庵(塔頭)末寺
	桂禅寺(上州勢多郡塩沢村)	龍源庵(塔頭)末寺

野州足利・安蘇・梁田三郡派内一円触頭　山田・邑楽兼上州2か寺

触頭	受持寺(計18か寺)	系統
玉雲庵(塔頭)末寺 本源寺(□) (虫損)	浄林寺(下野足利郡五十部村)	明月院(塔頭)末寺
	崇聖寺(下野梁田郡加子村)	玉雲庵(塔頭)末寺
	瑞雲寺(下野梁田郡茂木村)	玉雲庵(塔頭)末寺
	圓光寺(下野梁田郡小曽根村)	玉雲庵(塔頭)末寺
	永宝寺(下野梁田郡小曽根村)	玉雲庵(塔頭)末寺
	浄徳寺(下野梁田郡県村)	玉雲庵(塔頭)末寺
	厳勝寺(下野梁田郡神明村)	玉雲庵(塔頭)末寺
	華厳寺(下野梁田郡朝倉村)	玉雲庵(塔頭)末寺
	龍泉寺(下野梁田郡和泉村)	玉雲庵(塔頭)末寺
	寿徳寺(下野梁田郡野田村)	龍源庵(塔頭)末寺
	恩林寺(下野梁田郡鶉村) 文書には「邑楽郡鶉」とあり	玉雲庵(塔頭)末寺
	東応寺(下野梁田郡市場村) 文書には「山田郡市場」とあり	玉雲庵(塔頭)末寺
	福厳寺(下野足利郡本町)	明月院(塔頭)末寺
	東光寺(下野安蘇郡植野村) 文書には「佐野」とあり	龍源庵(塔頭)末寺
	龍鏡寺(下野安蘇郡新里村)	玉雲庵(塔頭)末寺
	報恩寺(下野安蘇郡山形村)	寶珠庵(塔頭)末寺
	慈済寺(下野都賀郡戸恒村)	明月院(塔頭)末寺

常州新治・真壁両郡派内一円触頭

触頭	受持寺(計2か寺)	系統
天明7年本末帳記載なし 『末寺編』に記載あり 法雲寺(高岡)	祥光寺(常州真壁郡本木) 安楽寺(常州真壁郡長岡)	龍源庵(塔頭)末寺 龍源庵(塔頭)末寺

典拠)「相州・豆州派内一円触頭受持寺書付」(建長寺文書)、「武州・野州・常州派内一円触頭受持寺書付」(建長寺文書)を元に、天明7年「禅宗済家鎌倉五山建長寺本末牒」(建長寺文書)、『建長寺史末寺編』(大本山建長寺、1977年)と照合し作成。

触頭欄の№は表2の№。

註

（1）寛延二年「禅宗済家鎌倉五山建長寺本末帳」（建長寺文書）。

（2）高埜利彦『近世日本の国家権力と宗教』（吉川弘文館、一九八九年）、同『近世の朝廷と宗教』（吉川弘文館、二〇一四年）。

（3）宇高良哲「浄土宗の触頭制度について」（『印度学仏教学研究』二九―一〈通巻五七〉、一九八〇年、のち同『江戸幕府の仏教教団統制』平文社、一九八七年、に収録）。

（4）廣瀬良弘「近世曹洞宗僧録寺院の成立過程―遠江可睡斎の場合―」（圭室文雄・大桑斉編『近世仏教の諸問題』雄山閣出版、一九七九年）。

（5）たとえば、真言宗新義派では、坂本正仁「近世真言宗新義派における触頭制度―特に法令の伝達をめぐって―」（『豊山教学大会紀要』一〇、一九八二年）、浄土真宗では、岡村喜史「本願寺触頭制について」（『龍谷史壇』九五、一九八九年）、曹洞宗では、栗山泰音著・孤峰智燦編『総持寺史』（大本山総持寺、一九三八年）など。

（6）玉村竹二・井上禅定編『圓覚寺史』（春秋社、一九六四年）、玉村竹二『臨済宗史』（春秋社、一九九一年）。

（7）『神奈川県史』通史編二近世一（神奈川県、一九八一年）、鎌倉市史編さん委員会編『鎌倉市史』近世通史編（鎌倉市、一九九〇年）においては、管見の限りでは概説的な本末制度の言及にとどまっており、触頭制度にかかわる叙述もみられない。

（8）『建長寺史』末寺編（大本山建長寺、一九七七年）は、主に現存する建長寺派寺院に関する由緒や明細を明和七年に本寺に提出した什物帳と寺院明細帳を元に叙述したものであるが、近世当時の末寺支配や本末・配下関係にまで言及はなく、検討の余地があるといえよう。

（9）建長寺本末帳は、寛延二年に作帳されるまで、貞享〜元禄期頃に成立したとみられる元和二年本末帳写に加除訂正を施すことによって末寺把握がなされてきた。ところが、寛延二年本末帳の作帳ののちから、敗壊・改派した寺院を把握する台帳も同時に作帳し、その後変更があった場合は別途台帳を作帳するようになる。天明七年の本末帳作帳においても同様の形式が採用されており、より精緻な末寺把握を実施していく。

（10）寛文六年「栖雲寺由緒および正法寺にて同寺支配につき一札」（建長寺文書）。

（11）元和二年「建長寺末寺帳之写」（建長寺文書）、寛永十年「関東五山第一相州鎌倉建長寺本末帳」（国立公文書館所蔵）。

（12）寛文八年「妙心寺末寺安堵状」（建長寺文書）。

（13）元和二年「建長寺末寺帳之写」（建長寺文書）、寛永十年「関東五山第一相州鎌倉建長寺本末帳」（国立公文書館所蔵）。

（14）寛文十一年「覚（正法寺、吉祥寺、福聚院、廣徳寺、慈雲寺、宝聚院、世音寺、慈泉院は以後建長寺末寺の旨）」（建長寺文書）。

（15）宝暦十年「禅宗済家鎌倉五山建長寺末寺牒追加」（建長寺文書）。なお、同内容の史料として、「奉伺口上覚」（報国寺文書）が確認される（本稿では、神奈川県立公文書館収蔵「県史写真製本」を参照した）。

（16）圭室文雄「寺院本末帳の性格と問題点」（寺院本末帳研究会編『江戸寺院本末帳集成』下、雄山閣出版、一九八一年）など。

（17）附庸とは、近世初期においては寛永十年の本末帳に記載の有無の区別のために使われていたが、元禄初年からは室町時代以来の旧官寺である十刹・諸山を附庸と称し、他の末寺と区別するのに用いられた（「附庸制度の成立」『圓覚寺史』前掲註（6））。

(18) 寛延二年「禅宗済家鎌倉五山建長寺本末帳」（建長寺文書）。
(19) 寛延四年「覚（栖雲寺住職仰せ付けの旨）」（建長寺文書）。
(20) 管見の限りでは、寛文二年にすでに出入が起こっていたようである（「金地院記録　四」東京大学史料編纂所所蔵）。
(21) 寛文十年「覚（東漸寺の儀建長寺附庸のため大覚祖諱待真之僧懈怠なく出頭につき）」（建長寺文書）。
(22) 宝暦七年「取扱済口證文之事」（明月院文書）。武州多摩郡留浦村の廣徳寺から甲州野田尻村の西光寺に本山廻状が巡達された際、送状がないとして廻状が差し戻され廣徳寺らが訴えに及んでいる。もっとも、扱人に入った西光寺末寺の能満寺や福昌寺らは、遅滞なく巡達するには「送状之有無ニも不拘公用相達儀ニ御座候」と述べ、送状の有無に拘わらず公用に達する点に力点を置いている。こうした末寺層と後述する小本寺層の間には本山廻状に対する認識に差異がみられたようである。
(23) 建長寺の江戸宿坊の機能と役割については、本書収録の保垣論文において明らかにされている。
(24) 享保十四～二十一年「建長常住日記簿」享保十七年十二月の条（建長寺文書）。『鎌倉志料』第四巻（鎌倉国宝館、一九九二年）二二四頁。
(25) 僧侶が一定期間遊行に出ないで、一か所で修行すること（『広辞苑』第六版）。
(26) 「享保年中達書」（津久井町光明寺文書）、「廻状之写」（横浜市東漸寺文書）など。
(27) 寛政十年「建長本末廻状巡次改」（建長寺文書）。
(28) 天明六年「御触書写記」（横浜市東漸寺文書）。
(29) 明月院文書。同内容の願書は「福山常住日記牒」安永六年五月十日の条（建長寺文書）にも確認されるが、願人太陽寺の祖梁の名が欠落している。『鎌倉志料』第七巻（鎌倉国宝館、一九九五年）二二一頁。

（30）高埜 前掲註（2）。

（31）もっとも、円覚寺派寺院においては、本末関係が整備された後も「本山に対する表向きの場合と、その地方で独自に行動する場合と、その法諱を異にし、区別して使ひ分けゐる例がある」（『圓覚寺史』前掲註（6））とされ、在地寺院が本末・配下関係の整備にともなって、在地において柔軟に対応したことが想定される。

（32）巡達経路には十刹である東漸寺と附庸である栖雲寺を含む。

（33）宝暦十年「禅宗済家鎌倉五山建長寺末寺牒追加」（建長寺文書）。

（34）以下のように、建長寺および塔頭は公儀触れの内容と対象によって巡達先や巡達自体の有無を選別していた。「麻布七仏薬師東福寺武蔵一国御免勧化、武州之末寺江右廻章差出候事」（「福山常住日記牒」明和三年二月の条、建長寺文書）、「長崎廻船之触書者、豆州帰一寺並門下江廻章幸便ニ差出候」（「福山常住日記牒」明和三年二月の条、建長寺文書）、「右両国ニ者末山無之付、不致巡達除之候」（「福山常住日記簿」天明七年七月の条、建長寺文書）など。

（35）「相州・豆州派内一円触頭受持寺書付」（建長寺文書）、「武州・野州・常州派内一円触頭受持寺書付」（建長寺文書）。両史料とも作成年代は明記されていないが、記載寺院をもとに年代を明治初年と推定した。

近世における建長寺の寺院経営と祠堂金貸付

鈴木雅晴

はじめに

寺院の祠堂金貸付・寺社名目金貸付の研究は、すでに多数の論考によってその成果が出されている。祠堂金とは、寺院における堂舎の維持や再建などのために、檀家や寄進者によって奉納された金銭のことで、寺院では寄進された祠堂金を、本来的な利用目的に合致した普請費用として当初は用いていたとされているが、時期を経るにしたがって蓄えた祠堂金を貸付資金として運用し、その運用によって得られた利子をさらに貸し付ける活動へと移行して、寺院が在郷における高利貸し金融機関的な様相を呈するようになっていったとされている(1)。

さらに、近世中期以降には当時の金銭貸借に関わる訴訟の過多に伴って、江戸幕府が発した触により、一般の金銭貸借訴訟は奉行所で審理する対象として受理せず、当事者間の相対での内済をもって処理させる方針が示されたのに対し、寺院・神社が貸付主体である金銭貸借訴訟は、貸倒金の発生が無いように厳しく返済をさせる優越性が、公儀の触によって寺社の祠堂金貸付に認められていった。そうした公儀の触に注目した在郷商人や公家などが、自ら行う貸付によって貸倒金が発生する危険性を回避し、寺社へ金銭を出資し、その出資金を寺社が貸し付けることで得られた利子を、寺社と預託者が契約に沿った比率で分配する形態へと発展していった。これは寺院・神社の名を冠して行われた貸付金であるが、その実は富裕層がより安全で確実な貸付金の運用を模索した結果の所産であり、出資者および寺社の双方にとって妙味のある貸付形態であった。寺社が名義を貸して行われたために、寺社名目金貸付と称される[(2)]。

こうした祠堂金の貸付は、近世後期における在村での階層分解を発生させる大きな原因のひとつであったとされ、日本の社会が資本主義経済へ移行して行く過程を探るための素材としても取り扱われてきた。

本稿で取り上げる建長寺が位置する鎌倉と、その近接地域である藤沢においても、寺院による祠堂金貸付に関する詳細な論考がすでに発表されている。床次和子[(3)]は、鎌倉の英勝寺において、その開基檀越である水戸徳川家が英勝寺祠堂金の運用に大きく関わりを持ち、英勝寺の貸付業務に関わる機構や貸付仕法について詳述するとともに、困窮した農民のための金融機関であったと論じている。また、三浦俊明[(4)]は、藤沢の遊行寺が行っていた祠堂金貸付が、公家や在郷商人の出資によって、貸付金の名目に遊行寺の名を冠して行われる寺社名目金貸付へと展開していく過程を追うとともに、在村の民衆がその借り入れ主体であり、近世後期の農村部における階層分解の一端に寺社名目金貸付が大きく関与していたと論じている。

しかしながら、寺院による祠堂金貸付の問題を考えるうえで、貸付仕法と貸借の実態解明に焦点が当てられてきたが、その貸付主体である寺院自体の経営面を含めて論じられることはあまり行われてこなかった。近年では、田中洋平[(5)]が寺院を経営体として捉え、檀家を持たない祈禱寺院・修験寺院の活動実態を解明するうえで祠堂金の貸付についても言及している。

そこで本稿では、鎌倉五山第一位の格式を有する大寺院建長寺の近世における寺院経営の実態を検証し、そのうえで建長寺が行った祠堂金貸付の意義について言及を試みるものとする。

一　祠堂金の蓄積と貸付の開始

まず建長寺において、祠堂金の貸付によって運用益を得るための資金がいつ形成されていったのか、また、それを元手とした運用がいつの時期に開始されたのかについて見ていくこととする。

建長寺で保存されている史料に、正徳四年（一七一四）から帳付けが開始された「常住西来祠堂金牒」と題された帳簿がある。常住とは建長寺本坊において財務・応接・炊事などの宗務を管掌する役寮のことを指している。この帳簿には檀家または門派の僧侶などから、常住へ寄進された祠堂金の金額や施入者などが書き上げられているとともに、建長寺の塔頭の一つである西来庵に寄進された祠堂金についても、常住の祠堂金と同様に詳細な記述がなされている。

この帳簿の記載をまとめたものが表1-1・2である。これを見て分かるように、新規に祠堂金の施入が行われるごとに追記がなされているため、文化期に至るまでの建長寺常住と西来庵に対する祠堂金の寄進状況を知ることができる。ただし、祠堂金が死者に対する追善のために寄進された金銭であるという性格上、その命日の記載をそのまま寄進がなされた日とすることはできない。そこで、その淵源がいつに求められるのかを明確にするために、他の史料を踏まえて考察を加えていくこととする。

まず、常住祠堂金については表1-1からも分かるように、貞享元年（一六八四）五月に死去した龍雲院殿一峯義天信士の日牌料として、朝胤居士から金五〇両が寄進されている。この施入を行った朝胤居士とは、旗本の加藤三左衛

表１　常住および西来庵への祠堂金寄進状況

１　常住祠堂金

施入額	施入名目	命日または施入日	施入者
金50両	龍雲院殿一峯義天信士日牌料	貞享元年５月23日	加藤嘉遐
金10両	普光院殿雄峰朝胤居士日牌料	元禄10年８月23日	勝春院(加藤嘉遐姉)ヵ
金50両	英正院伝籌瑞賢居士日牌料	元禄12年６月16日	河村弥兵衛
金20両	瑞賢居士廟所地代	未詳	常住利米の内から
金12両２分	金剛院掃除料	未詳	未詳
金10両	正到院道要宗玄居士日牌料	元禄16年８月10日	岡田雪斎
	自性院実相元真大姉逆修		
金７両	勝上巘地蔵堂祠堂金	未詳	勝春院(加藤嘉遐姉)
金２両	監門夜灯料	元禄10年11月25日	本首座
金２両２分	龍山和尚月牌料	未詳	雲外庵　悦叟妙賀
金２両２分	東陽和尚月牌料	宝永元年２月21日	明月院　長山西堂
金７両	仏性通応禅師月牌料	未詳	金地院　晦堂和尚
金７両	仏慈普済禅師月牌料	未詳	金地院　雲叟和尚
金２両２分	龍室和尚月牌料	未詳	龍源庵　玉岡西堂
金２両２分	玉鳳和尚月牌料	未詳	光明寺　廓林座元
金５両	心光院日饗料	享保３年閏10月	岡田雪斎
金５両	摂取院日饗料		
金１両２分	天栄座元月饗料	享保３年11月25日	玉雲庵取次
金５両	泉柳院日饗料	享保４年２月9日	岡田雪斎
金２両２分	廓禅和尚月饗料	享保21年３月25日	報国寺　道林座元
金２両２分	長山和尚月饗料	元文４年11月13日	明月院　秀巌西堂
金２両２分	松堂和尚月饗料	寛保３年11月4日	報恩寺　賢堂座元
金２両２分	秀巌和尚月饗料	宝暦２年11月25日	明月院　僧渓首座
金２両２分	大虫和尚月饗料	宝暦５年４月	宝蓮寺　香林座元
金２両	真光院月饗料	宝暦８年11月	竹崎大助母　妙智尼
金２両２分	天瑞和尚月饗料	宝暦９年２月	東光寺　万亀座元
金２両２分	海門和尚月饗料	宝暦９年閏７月	長徳寺　通玄座元
金２両２分	義天和尚月饗料	宝暦12年４月30日	龍源庵　曹源西堂

金２両２分	龍門和尚月饗料	明和４年９月15日	光明寺　萬愚座元
金２両２分	萬拙和尚月饗料	明和６年12月7日	天源庵　大教座元
金２両２分	雪巣和尚月饗料	安永２年４月14日	妙高庵　却岩座元
金２両２分	大雲和尚月饗料	天明３年10月	雲居寺　大鷴西堂
金２両２分	瑞応和尚月饗料	天明４年９月	金泉寺　瑞芳西堂
金２両２分	平原和尚月饗料	寛政２年３月	瑞光寺侍衣
金２両２分	杲峰和尚月饗料	寛政２年８月	報国寺　巨川座元
金２両２分	天渓和尚月饗料	寛政２年11月	禅居庵　頑石和尚
金２両２分	頑石和尚月饗料	寛政３年正月	禅居庵　琢堂座元
金３両	雄堂座元月饗料	寛政５年７月	未詳
	友雲座元月饗料		
金２両２分	舜道和尚月饗料	寛政10年７月	帰一寺　愚翁座元
金２両２分	曹源和尚月饗料	寛政12年閏４月	龍源庵　良遂西堂
金２両２分	修山和尚月饗料	文化元年６月	廣徳寺　桃渓座元

2　西来庵祠堂金

施入額	施入名目	命日または施入日	施入者
金10両	清岩院殿瑞応喚公居士日牌料	寛永18年３月25日	加藤嘉遐
金20両	慈明院殿心月寿卯大姉日牌料	寛文５年４月22日	
金５両	円通院殿春岳瑞光居士日牌料	正保２年２月４日	
金５両	証寿院殿花陽宝林居士日牌料	正保２年２月５日	
金10両	勝春院殿智達渓栄蔵主尼日牌料	未詳	
金10両	隆渓院殿朝養卜普居士日牌料	寛文８年５月27日	勝春院（加藤嘉遐姉）
金２両２分	陽泉院殿昌室寿久大姉日牌料	延宝８年５月19日	加藤成勝（嘉遐とは別家）
金２両２分	寿保院殿瑚雲浄珊居士日牌料	寛永17年10月12日	
金２両２分	月宮院殿白室秋光大姉日牌料	承応３年８月18日	
金２両２分	法性院殿久嶽栄昌大姉日牌料	慶安３年10月27日	
金２両	秋林院殿昌嶽宗繁居士日牌料	延宝５年９月7日	
金２両	智荘院殿法春日厳大姉日牌料	貞享３年３月15日	
金２両	今泉院殿不外善生居士日牌料	貞享５年４月14日	

金10両	寿松院殿栄岩玄秀大姉日牌料	貞享４年６月12日	勝春院(加藤嘉遐姉)
金10両	大慈院殿仁岳朝義居士日牌料	貞享元年12月25日	
金10両	了光院殿覚心性空居士日牌料	元禄14年９月12日	加藤明雅(嘉遐とは別家)
金５両	蓮香院殿池観浄水居士日牌料	元禄２年５月４日	加藤明教(加藤嘉遐孫)
金５両	加藤明教逆修		
金７両	願慶居士施餓鬼料	未詳	中條丹波守内室
	妙頓大姉施餓鬼料	未詳	
金２両	寒岩道雪信士月牌料	年未詳　12月25日	井上五兵衛
	性屋智法信女月牌料	年未詳　６月２日	
金１両２分	清勇院正貞日隆居士月牌料	元禄14年12月15日	市場造酒之助
金１両２分	寂心宗空禅定門月牌料	年未詳　７月８日	宝幢院
金１両２分	心源宗徹上座月牌料	宝永６年８月21日	妙悦尼
金１両２分	清安妙慶信女月牌料	年月未詳　６日	
金５両	順誉道法信士月牌料	承応２年６月６日	中橋喜多七太夫母
	妙悟禅定尼月牌料	寛永19年７月14日	
金５両	冬林玄秀信士月牌料	寛文５年12月24日	
	法誉妙閑信女月牌料	寛文11年正月26日	
金３両	直安宗空信士月牌料	年未詳　２月20日	井上五兵衛
	真室貞玉信女月牌料	年未詳　５月12日	
金１両２分	響室利音大姉月牌料	宝永７年12月12日	宝幢院
金５両	快翁昌哉信士日牌料	年未詳　９月27日	甘糟三左衛門
	桂林妙芳信女日牌料	年未詳　３月４日	
金１両２分	覚能休波信士月牌料	年未詳　８月１日	能因
金２両２分	天霊祐光信士日牌料	正徳３年10月５日	栄昌尼
金２両２分	丹山鳳公座元日牌料	年未詳　６月７日	龍源庵
金２両２分	心寂悦公座元日牌料	元禄６年７月10日	正統庵　仙岩座元
金２両２分	沢院彭公座元日牌料	元禄９年12月３日	常楽寺　月海座元
金２両２分	月宗桂公座元日牌料	年未詳　正月26日	宝泉庵　揚首座
金２両２分	玉英珍公座元日牌料	正徳元年２月５日	長徳寺　南嶺西堂
金２両２分	乾室竺公座元日牌料	元禄15年９月14日	明月院　東陽和尚

金１両２分	大雲悦公座元月牌料	年未詳　２月28日	徳昌寺
金１両２分	梅英義檀沙弥月牌料	宝永４年正月18日	正宗庵　大慶座元
金１両２分	雲岸意公座元日牌料	正徳元年２月２日	華蔵院
金２両２分	月堂団公座元日供料	享保元年５月13日	栄昌寺
金１両２分	秀堂座元月饗料	享保元年３月１日	龍鏡寺
金１両２分	快翁鈍公月饗料	正徳４年10月13日	禅居庵　郁岸座元
金１両２分	梅粧貞玉月饗料	享保元年８月25日	嶋木屋吉兵衛
金１両２分	空円浄真月饗料	宝永７年４月21日	渡辺氏室　寿芳禅尼
金１両２分	瑞翁梅岩月饗料	元禄７年５月８日	惣兵衛
金１両２分	沈冷道水月饗料	元禄14年10月25日	重郎左衛門
金１両２分	雄堂座元月牌料	寛政４年11月	観音寺　友雲座元

・表１−１・２は「常住西来祠堂金牒」の記載順に配列した

門嘉遐という人物のことである。加藤嘉遐は、初代三春藩主でのちに二本松藩を領した加藤明利の三男で、父明利の死に不審な点があったことを理由に加藤家は改易され加藤嘉遐もそれに連座していたが、万治元年（一六五八）に赦免されると小姓組番士を勤め廩米一〇〇〇俵の旗本となったことが確認できる(6)。ここにある龍雲院殿とは加藤嘉遐の息子のことであり、その冥福を祈念するための毎日の読経料として、貞享元年七月一日にはその寄進がなされている(7)。その後、施入者は不明であるが、元禄十年（一六九七）に加藤嘉遐（普光院殿雄峰朝胤居士）の菩提のために寄進された日牌料の金一〇両、そして元禄十二年には江戸前期の富商河村瑞賢（英正院伝籌瑞賢居士）の日牌料として、その嫡子である河村弥兵衛通賢から金五〇両が寄進されており、これらが常住への祠堂金寄進の早い時期の事例として挙げることができる。

次に西来庵祠堂金について見ていくこととする（表１−２）。西来庵は、建長寺境内に設置された塔頭の中のひとつではあるが、建長寺を開山した蘭渓道隆の墓所を抱える塔所であることから、その境域には蘭渓道隆を祀る昭堂や、その木像を安置する開山堂など特別な堂舎が配されており、他の塔頭とは一線を画す存在であった。さらに、建長寺においてその運営を担う常住に対し、坐禅修行の専門道場として教学を担う重要な施設であった。

西来庵の祠堂金についても、先述した加藤嘉遐によって多額の寄進がなされている。加藤嘉遐が建長寺に帰依した背景には、その姉(勝春院殿または栄蔵主)が尼僧となり、建長寺の塔頭であった正法寺に住していたことが理由の一つとして考えられる。[(8)] この姉弟による西来庵への祠堂金寄進は、貞享年間まで漸次行われており、その総額は八〇両に及んでいる。ただしその開始時期については必ずしも明確ではないが、寛文五年(一六六五)に死去した慈明院殿心月寿卯大姉の日牌料として、加藤嘉遐から寄進された祠堂金二〇両のうち金五両を、建長寺の塔頭格に列せられていた報国寺が、寛文十一年七月晦日に借用したことが「西来庵祠堂金納帳幷塔頭預リ置覚」[(10)]という帳簿に記載されている。[(9)] 加藤嘉遐の縁者で、没後すぐに建長寺へ埋葬されたことが明記されている最初の人物が慈明院殿であることなどからも類推して、[(11)] 寛文五年頃には、旗本加藤家は檀家として建長寺に帰依していたと考えられ、この時期に有力檀越となっていた加藤家から寄進された供養料が、西来庵の祠堂金として蓄積されていったと考えられる。

こうして形成された祠堂金が、利潤を発生させる貸付資金として運用が開始された時期については、先にも触れたが、寛文十一年に西来庵祠堂金が報国寺に貸与された事例が史料上の初出である。それ以降、常住祠堂金が形成される貞享元年までの間に、西来庵祠堂金の貸付が行われているのは、塔頭である回春庵に金七両、同じく塔頭の妙高庵に金二両二分、そして塔頭格の常楽寺に金五両が貸与されていることを確認できるだけで、そのいずれもが延宝五年(一六七七)に行われたものである。[(12)]

建長寺において、資金の貸付によって利潤を発生させる基金が形成されたのは寛文年間と考えられ、それは蘭渓道隆の塔所である西来庵祠堂金の形成が、常住祠堂金の形成される貞享元年よりも先行して行われた。そして寛文・延宝年間には、貸付高および件数の少なさから判断して、塔頭からの借入れの申請をもって、西来庵祠堂金の内から随時貸付を実施する体制がとられていたものと考えられる。

二　祠堂金貸付の組織的運用化

建長寺において、寛文・延宝年間に行われていた随時的な祠堂金の貸付に対し、その貸付方法が大きく転換していく契機となったのが、先述した「常住西来祠堂金牒」に記載されている龍雲院殿の日牌料として貞享元年（一六八四）に寄進された祠堂金の存在であったと考えられる。「龍雲院殿諸塔頭祠堂金証文帳」(13)という帳簿の冒頭には、龍雲院殿日牌料祠堂金の取り扱い方法について、次に示す建長寺諸塔頭の衆議による議定が記されている。

〔史料1〕

掟

一、龍雲院殿日牌料祠堂金、一庵ニ付金子拾五両宛慥ニ請取申処実正也、到永代日牌無怠慢勤行可仕候事

一、右之金子ヲ以、田地相求或又借人有之時節、随分念入置、常住之役者江遂其理、手形之写常住江納置、無紛失様ニ可仕候事

一、代替之時節者、其後住江右之金子急度可相渡、後住無之節者常住江可相渡事

一、何之庵ニ而も自然祠堂金紛失仕候者、衆中寄合致吟味、惣中間ニ而本金拾五両相弁、本金失候塔主之義者、可為越度者也

仍一山衆評一決之上連判如斯、已上

貞享元甲子年

七月朔日

常楽寺
如　印㊞
（塔頭二二院省略）

住山
龍源庵
玄　廉㊞

これによれば、常住祠堂金として寄進された金五〇両とは別に、加藤嘉遐から西来庵を除く建長寺の各塔頭に対しても金一五両の寄進がなされたことを示しており、常住への祠堂金と合わせた総計は金四一〇両であったと推定される。この議定によれば、各塔頭に寄進された金子は、常住役者の認可を必要とするものの、それぞれの塔頭の裁量によって土地の購入や貸付資金として運用することを認めている。また、その保管や運用の過程で損益金が発生することを防止する手段も講じられている。つまり、返済義務の無い各塔頭の固有の祠堂金として分配された資金は、土地の購入によって得られる恒常的な収入や、貸付によって得られる利子収入など、各塔頭が財源を確保するための基金として活用されたことを示唆している。

さらに、引用はしなかったが、史料1の連判部分の直後には、後筆と思われるが「一、金子五拾両、為龍雲院殿加藤三左衛門殿常住江被納之、諸塔頭預リ置連判証文有之、利用八木拾五俵毎暮納之」とあることから、龍雲院殿日牌料の分与と並行して常住の祠堂金が各塔頭へ貸付られたことを窺わせる。常住祠堂金の塔頭への貸付については、史料中に述べられている証文が現存していないことなどから、五〇両が按分して貸付られたのか、またどのような返済の仕法が取り決められたのかなど不明な点があるが、利率については一年あたり米一五俵が常住へ納められる割合に定められたことは明確である。建長寺では四斗入の俵が用いられており、ここから利率は金一両につき米一斗二升であり、金五〇両を二四院の塔頭に按分して貸付たとすると、塔頭一庵につき米二斗四升の負担となる。前節で示した寛文・延宝年間における西来庵祠堂金の貸付利率も、金一両につき米一斗二升であることから、この基準は貞享年間にも適用されていたのだろう。(14)

また、元禄七年（一六九四）になると、建長寺常住および西来庵の祠堂金貸付の仕法替えが実施されており、その議定書とともに塔頭への貸付額およびその返済状況が記された帳簿が残されている。(15)

〔史料2〕

祠堂金聯判之覚

一、百四拾六両、但シ内五拾両者龍雲院殿祠堂金、内九拾六両者西来庵祠堂金也、弐拾四塔頭六両宛拝借仕候所実正也、為利米壱両ニ付米壱斗宛相定、右之元金十分一之勘定を以利米ニ相添、毎年霜月勘定之節、急度返納可申候、為其如件

元禄七甲戌年十一月廿五日

龍源庵㊞

一、本金七両　内弐分拾弐文目戌年済
内弐分拾弐文目亥年済
内弐分拾弐文目子年済
内弐分拾弐文目丑年済
内弐分拾弐文目寅年済

卯ノ年休
内弐分拾弐文目辰年済
巳ノ年休　利米半納
午ノ年休　同断

（以下塔頭二三院分省略）

貞享元年の段階では、詳細な貸付仕法については不明な点もあったが、この史料によれば、龍雲院殿祠堂金（＝常住祠堂金）五〇両と、西来庵祠堂金九六両は別口座として管理されていたようであるが、両者を集約した金一四六両を二四院の塔頭で按分した金六両を貸付るという体系的な貸付方法が実施されていたことが明らかである。(16) また、利率については、貞享年間以前には、金一両につき利米一升二斗と定められていたと推定されるが、その利率を引き下げて金一両につき利米一斗に改定されている。

そして、貸付金の返済については、建長寺の常住役所において役者交代および年度の会計決算が行われる「霜月勘定之節（十一月二十五日）」までに、利米を納入するとともに元金の十分の一を返納するように定めている。この返済方式は、返済が完了するまで当初の貸付金額を元本と見做して利息計算を行うアドオン方式であったと考えられ、元金の割賦返済が進行しても毎年の利息額は減少していかない貸付仕法が採用されていたのである。前述した史料1の「龍雲院殿諸塔頭祠堂金証文帳」にも「利用八木拾五俵毎暮納之」と記されているのと同様に、元禄七年の議定によって、向こう一〇年間は常住に米五〇斗（一二俵二斗）・西来庵に米九六斗（二四俵）が、毎年安定して確保できる体制を整えたのである。

史料2では、塔頭の龍源庵が借り入れた祠堂金について、その利米の納入と元金返済の状況を例として示した。戌年（元禄七年）から午年（元禄十五年）までの間には、返済が行われなかった年も含まれてはいるが、議定書の通り同一金額の返済が継続されている。つまり最短一〇年間で元金の返済が完了することを示しているが、先に掲げた貞享元年の龍雲院殿祠堂金（＝常住祠堂金）の貸付も一〇か年賦で行われていたならば、ここで示した元禄七年が完済の年に該当する。この議定は、返済によって還流した祠堂金の再貸付を実施するうえで取り決められたものとも推測される。

それでは、常住祠堂金と西来庵祠堂金の元金返済と利子の納入について、各塔頭がどのように捻出していたのであろうか。その一端を示す事例として、やや時代に差異はあるが、塔頭の一つである千龍庵が、建長寺門前において店親として家賃収入を得る貸店の経営を行っていたことを示す史料が残されている。

〔史料3〕(17)

口上之覚

一、於門前、拙庵支配之店之儀、近年来明店多分御座候ニ付、屋賃不納、殊更段々修覆等近寄、依之此度門前之内にて望申者御座候ニ付、家作・地所共ニ半分、町並六間壱尺三寸、裏行拾壱間余之所相譲リ申候、右之店之儀祠堂金之内御座候間、什物帳相記シ差出置候、依而代金拾両常住江御預可被下奉願候、然上者後々塔守借用仕度願候共、訳ケ不相分候ハヽ、御渡被下間鋪奉願候、依而法類壱員加判仕願申上候、以上

安永弐癸巳閏三月日

千龍庵
楚　能㊞
正続庵
顕　周㊞

福山
参暇禅師

必ずしもその経営規模は明確ではないが「近年来明店多分御座候」と記されていることから、千龍庵は建長寺門前に複数の物件を貸店として所持していたと推測される。しかしながら安永二年（一七七三）に至って、その経営状態が悪化しているとともに修繕費用の計上が見込まれることから、半分に相当する「町並六間壱尺三寸、裏行拾壱間余」の地所（約六八坪）と家屋を、建長寺門前の居住者へ譲渡することとしている。そして「右之店之儀祠堂金之内御座候」「代金拾両常住江御預可被下奉願候」と述べていることから、千龍庵が常住祠堂金を元手として所持してきた土地と貸店であったことを示し、その譲渡益の金一〇両は祠堂金の元金であるとして常住へ返納することを願い出ている。史料1の議定とも勘案して、各塔頭ではそれぞれの裁量によって、何らかの収益性を見込む経営努力によって、その維持のための財源とするとともに、常住と西来庵から貸付られた祠堂金の元金返済と利子にも充当していたと考えられるのである。

さて、こうした建長寺における祠堂金の貸付方法を考察するうえで、建長寺の構造を押さえておく必要がある。先にも触れたが、建長寺の運営は常住役所によって執り行われ、それとともに僧侶の育成など教義を担う専門道場として西来庵の存在があった。建長寺本体は勿論であるが、建長寺を本山とする各塔頭と、それら塔頭の配下に編成された六〇〇か寺を越す門葉寺院とそこに帰属する僧侶にとって、常住役所と西来庵が宗務および教義において紐帯となっていた。

ただし、建長寺の常住役所において宗務を統括した参暇・奉行・維那などと呼ばれる役僧は、各塔頭の住職から輪番制によって選出されており、また、建長寺の運営に関わる重要事案は、各塔頭の住持の出席を得て開催される評議において決定されていた。つまり建長寺は、各塔頭の集合によって具現化された寺院であったと捉えることができ、その評議で議決された議定には、塔頭の意向や都合が盛り込まれていることを示している。

史料3で示した祠堂金に関わる取り決めについても、建長寺の常住と西来庵が、その維持運営のために各塔頭に対して一方的な収奪の方策として打ち出した内容ではなく、各塔頭の運営を保全したうえで、建長寺常住と西来庵の運営資金を確保する目論見によって画策された貸付仕法であったと考えるべきである。

随時的に実施されていた寛文・延宝年間の祠堂金貸付を改めて、各塔頭に常住と西来庵の運営資金となる利米の納入を求める体系的な貸付仕法へと転換する前提として、各塔頭の維持運営を担保しつつ常住と西来庵へ納入する利米を稼ぎ出すための財源として、貞享元年に加藤嘉遐から寄進された祠堂金が分配されたと考えられるのである。その金一五両については、各塔頭による自由な利用を認めながらも、常住役者からの承認を必要とした背景には、放漫な運用による減損や貸倒れの発生を防止することで各塔頭の財源を維持し、常住と西来庵へ納入される利米の確保にも繋がったのである。

建長寺において、祠堂金の組織的な貸付が開始された十七世紀末頃には、その貸付は建長寺内部の塔頭に限定して行われ、その利子として金一両につき米一斗二升ないし一斗の利米の納入を議定によって取り決めていた。また、元金については毎年十分の一を返金し、一〇年で完済される方式が採用されていた。この貸付条件については、先述したとおり貸付開始からの一〇年間は、毎年一定額の利息米を常住と西来庵が確保できることを目論む趣意であったと考えられ、祠堂金の完済時期には、常住と西来庵に元本と同額の資金が還流することを示している。このことは、建長寺の寺務を担う常住と、教学面で中核となっていた西来庵の必要経費を確保し、その運営を補助することが目的であり、祠堂金の元本を増額して複利的に利殖を図ろうとする目論見は無かったと考えられるのである。

三　祠堂金貸付の行き詰まり

旗本加藤家からのたび重なる祠堂金の寄進に続いて、元禄十二年（一六九九）には河村瑞賢の遺族からも、その日牌料として金五〇両、それに付随する施入金として墓所の地代や掃除料などの名目で総計金八二両二分の寄進を受けている。「英勝院祠堂日牌金諸塔頭預覚」[18]によれば、この祠堂金についても塔頭二四院へ金三両二分ずつ按分されており、同史料の冒頭に記されている定には、「為十分一来辰年ゟ毎年壱分六匁宛、霜月勘定之時分、当役者江従諸塔頭可被相渡候、利米者壱両ニ付八升宛可忝（添）者也」と規定されている。元金の一〇か年賦での返済方法を採用している点については従前と変わらないが、利率については金一両につき利米八升へと引き下げがなされている。この利率の引き下げ理由については未詳であるが、常住祠堂金と西来庵祠堂金の各塔頭への貸付額の増加に伴って、塔頭の負担が過重気味になってきたこと、利率を下げても十分な利米の確保が可能となっていたことなどが考えられる。いずれにしても貞享年間から元禄年間の中頃にかけて、建長寺では大檀越からの寄進によって、比較的安定した寺院運営を行うことが可能となったのではないかと推測される。

しかしながら、元禄十五年十一月二十五日に行われた建長寺の一山衆議において、「祠堂金利米、相場三斗已上之時者八升、三斗已下之時者六升宛可有上納事」という、利米の納入額に米価の相場に応じた変動性が盛り込まれるようになり、また、「祠堂返納金拾両ニ付、結算之節弐歩宛可有返却候事」と元本返済の基準も従来の半分に引き下げて、債務返済の大幅な緩和の決定がなされている[19]。同日の「建長寺常住日記」[20]には、凶年の影響によって門前屋敷からの年貢が未進の状態であり、建長寺は銭五貫文に近い額の年貢を門前の住民に対して免除する救済策を講じている。この一連の決定は、元禄八～九年・同十四～十六年頃にかけて頻発した飢饉と、それによってもたらされた米価の高騰が大きく関与していると考えられるのである。

さらに、宝永四年（一七〇七）の「建長寺常住日記」には、「当歳諸塔頭、西来・常住之利米懸宥、但シ分一計相済」[21]とあり、元金の返済こそ行われたものの塔頭からの利米納入が滞っている状況が記されている。同五年七月五日には「砂大変ニ付、為救大麦弐俵半宛廿四塔頭江常住ゟ被下候、又門前居屋敷之年貢訴訟申ニ付宥免有之候」[22]とあり、また、同年十一月には「常住・西来庵祠堂利米弁弐拾分一、諸塔頭ゟ砂困窮ニ付、願有之候故、相談之上、利米之義者諸塔頭江被下候、分一之義者先へ相延申候」[23]と記述されている。これは宝永四年に発生した富士山の宝永噴火による降灰が、鎌倉周辺においても農作物などへ甚大な被害をもたらしたことによるもので、塔頭は祠堂金の利米納入や元金の返金どころではなく、建長寺常住から反対に救恤を受けなければならないほどの状況となったのである。もちろん常住（＝建長寺本体）にとっても大きな損失を被る状況であったと考えられる。

その前年には宝永地震が発生しており、さらにその三年前の元禄十六年に発生した大地震でも鎌倉地域は甚大な被害を受け、建長寺境内では堂宇の倒壊や山崩れが発生し、また塔頭のひとつ円応寺は津波で流出する被害を受けるなど[24]、元禄・宝永期に相次いで発生した不慮の天災と米価の高騰は、建長寺常住と西来庵の祠堂金運用にも大きな停滞もしくは損失を招くこととなったのである。

また、建長寺常住と大檀越加藤家および河村家との間で宝暦十三年（一七六三）に行われた交渉の様子が、「福山常住日記牒」[25]に相次いで記述されている。加藤嘉遐の姉で正法寺の尼僧となっていた栄蔵主（勝春院殿）が享保五年（一七二〇）に示寂した後は、しばらくその侍者であった尼僧が元文三年（一七三八）まで正法寺に起居していたようであるが、宝暦年間にはすでに正法寺は無住となり、庵の名称こそ残されているものの実質的に敗壊の状態となってしまったようである。宝暦十三年七月二十二日に加藤家から正法寺の庵主についての書状が建長寺へ到来するが、その文面は他宗派の尼僧を庵主として置くことの是非についての問い合わせであった。また、同書状には、正法寺は加藤家の私財によって寺地・堂舎・什物を購入し多額の祠堂金も付け置いているという趣旨の文面も添えられていた(26)。結局、建長寺からの回答は、他宗派の人物を受け入れることは、建長寺派衰退の根源となるという理由で、加藤家の申し入れについて拒否の姿勢を示すものであった(27)。

表1-1・2から分かるように、加藤嘉遐と栄蔵主の姉弟の没後は、旗本加藤家から建長寺と西来庵への寄進はほとんど途絶してしまっている。加藤嘉遐と栄蔵主は個人的な信仰によって建長寺に帰依し、親類縁者の菩提のために祠堂金施入を行っていたと考えられる。しかしながら、加藤家は二人の没後は建長寺と疎遠になっただけでなく、建長寺に対して正法寺との由緒のみを主張する存在となってしまったのである。

また、河村家へは、河村瑞賢の霊屋修補の普請費用が滞っていることを問い合わせると、不如意を理由に河村家から出金を断られるという事態になってしまっている(28)。

表1-2からも明らかであるが、元禄期以降には、加藤嘉遐とは別家の旗本加藤氏や岡田雪斎という人物から祠堂金の寄進が行われるようになっているが、その金額は漸減傾向にあったことが窺える。また、建長寺派内の僧侶から先代住職の菩提のための祠堂金施入が目立ってくる。これは、「建長寺常住日記」の元禄十六年十一月二十五日に、「向後住持之牌立仏殿、則拈牌可有之、斎者塔頭別、祠堂者弐両弐分也、右之上ハ祠堂員数面々ノ志次第可為過(進)上者也(29)」という議定が建長寺で取り決められていることが関係していると考えられる。建長寺では、祠堂金施入の減少傾向に対し、それを檀家からの寄進だけに頼るのではなく、施入金額を一律に明確化し基準もやや低く設定することで、宗派組織を活用して祠堂金の獲得を目指す方針へと転換を迫られたと考えられるのである。

当該期の祠堂金貸付について、建長寺内部で捉えられていた意識を表出する議定が正徳三年（一七一三）に決議されている。「一、常住・西来拝借金、向後出候者、弐拾両壱歩之利金ニ相定候、五両已上者相応之質物入証人壱人、拾両已上者証人弐人、加吟味致加判可申候、若質物等ニ相違有之候ハ、証人之可為越度候、已上」という議定である。(30)正徳三年からは、元金の返済率がさらに引き下げられ、新規の貸出分については八〇か年賦での皆済とされている。さらに、この取り決めで注目すべきは、これまでも塔頭への祠堂金の貸借において借用証文の作成は行われていたが、金五両以上の貸付については同等の質物を抵当とし、保証人を定めて貸倒れが発生した際の連帯責任を負わせる規定が加味されたのである。この議定は、塔頭住持も参加して行われた建長寺一山衆議での決議事項であると考えられるが、当該期の建長寺内部では、祠堂金に貸倒れの危険性が内包していることを意識し始めたということが指摘できるだろう。

四　建長寺の寺院経営

ここまでは、建長寺における祠堂金の形成過程とその運用開始に至る流れについて見てきたが、その運用が建長寺にとってどのような意義を持っていたのかを明確にするために、建長寺の寺院経営の様子を明らかにしておく必要がある。

建長寺は徳川家康から天正十九年（一五九一）に九五貫九〇〇文の寺領を安堵され、徳川政権期を通じて寺領高に変化はなかった。寺領はさらに建長寺内部において配分され、常住には一〇貫文が割り当てられた。寺領の配分については、明月院三一貫文余・龍源庵一八貫二四〇文などが配分高の多かった塔頭であるが、それ以下は一～三貫文ほどの配分高の塔頭が八院と目立ち、無配分の塔頭も一三院を数えた。徳川政権によって安堵された寺領は、建長寺とそこに包摂される塔頭の恒久的な財源として保障されたわけであるが、それが建長寺の経営においてどれほどの比重を占めるものであったのかについて見ていくこととする。

幕末の史料ではあるが、建長寺常住の寺領配分高のうちにおける収支状況を記した「建長常住打飯牒」(31)という帳簿をもとに考察を行っていく。これは、文久元年(一八六一)十一月二十六日から文久二年十一月二十五日に至る文久元年度の年間収支を書き上げた帳簿と、同様に慶応元年(一八六五)度の収支状況を示す帳簿の二冊が現存している。

この打飯牒から、費目ごとの収支状況および決算額をまとめたものが表2である。門前屋敷と野地からの夏成(夏年貢)、さらにそれに田本高分を加えた秋成(秋年貢)を収納すると八貫二二〇文となり、常住への配分高一〇貫文とは二貫文に近い齟齬が見られるが、この点についての詳細は不明である。いずれにせよこの額を基準として、そこから名主給・定引・検見引などを減額し、さらに常住の役寮である維那寮・納所寮の諸経費と、建長寺内において警備や雑事に従事した行者への給金と諸手当、また建長寺の抱えと思われる大工と代官への給金などを併せて、下行という費目で支出している。その決算額は、文久元年度では三二七文四分(米換算で五斗二升三合余)の利益となっているが、慶応元年度には二一九文(米換算で三斗五升)の損益を計上している。その他にも、職人への報酬や祠堂金の寄進に関わる霊位への仏供米など、米での払出しをしたと思われる現米・打飯・仏餉抃霊供という費目の合計額は、文久元年度では米四九俵六斗余、慶応元年度においては米三七俵七斗余にのぼっている。

このように、建長寺常住においては、配分された寺領から収納される年貢のほとんどは、寺領支配や境内の維持管理に必要な支払いへ充当されてしまい、余剰を内部留保として蓄積する状況には無かったのである。さらには年間四〇俵前後の穀米を、支払いや勤行などのために必要とし、その大半は購入に頼らざるを得なかったのである。

表2　常住領における収支および常住役所の米穀の支払い・購入状況

	文久元年度	慶応元年度
門前屋敷	銭2256文5分（817文引）	銭2256文5分（386文5分引）
野地	銭1210文（70文引）	銭1210文（70文引）
夏成	銭3466文5分（817文引） 地震荒（449文） 金龍替地火番給（90文） 名主給（120文） 検見引（158文）	銭3466文5分（1009文5分引） 地震荒（456文5分） 金龍替地火番給（90文） 名主給（120文） 検見引（343文）
秋成	銭4753文5分（1591文6分引） 地震荒（449文） 金龍替地火番給（90文） 角左衛門定引（700文） 名主給（120文） 検見引（232文6分）	銭4753文5分（1955文5分引） 地震荒（456文5分） 金龍替地火番給（90文） 角左衛門定引（700文） 名主給（120文） 検見引（589文）
下行	銭5784文	銭5474文
差引残 夏成＋秋成－（引高＋下行）	銭327文4分 （米5斗2升3合8勺4才）	銭▲219文 （米▲3斗5升）
現米	12俵4石5升2合 （22表5升2合）	11俵1石7斗2升 （15俵1斗2升）
打飯	3石9斗5升59合5勺 （9俵3斗5升9合5勺）	1石8斗1升 （4俵2斗1升）
仏餉幷霊供	7石4斗8升5合 （18俵2斗8升5合）	7石4斗8升5合 （18俵2斗8升5合）
下行 （現米＋打飯＋仏餉）	49俵6斗9升6合5勺	37俵7斗5升4合
寺中買米	27俵	39俵
寺中利米	23俵3斗1升6合	0
前年度残米	45俵4石4斗6升3合8才4毛	▲2俵7升4合
残米	46俵4石6斗6合8勺2才4毛	4升6合

・夏成・秋成については引高の内訳を示した
・カッコ内の米穀の数量は1俵＝4斗入を基に換算した
・▲は不足分を示す

万延元年度	文久２年度	文久３年度
銭20560文	銭20560文	銭20560文
金 2両 3朱 銭 5872文	金 23両3分3朱 銭17716文	金 5両 3朱 銭13460文
金 15両1分3朱 銭21676文	金 18両3分3朱 銭98847文	金 15両2分2朱 銭16624文
金 40両 1朱 銭50335文	金 86両2分2朱 銭73573文	金 28両2分2朱 銭65231文
金 84両 2朱 銭 3958文	金115両2分 銭 1813文	金118両1分 銭 2523文
金 31両 2朱 銭 1036文	金 23両 3朱 銭 880文	金 38両3分 銭 5655文
金 7両 銭 200文	金 7両 銭 200文	金 7両 銭 200文
金 3両2分2朱 銭 4800文	金 4両 銭 4800文	金 2両2分 銭 4800文
金200両1分1朱 銭 357文	金313両 1朱 銭 188文	金235両3分3朱 銭 187文

打飯牒が、労働対価としての報酬や死者への施米など、常住が給付した銭貨と米の払出し簿であるのに対し、かならずしも明確な線引きができない費目も含まれているが、常住役所における消耗品費、幕府や金地院僧録司との渉外費や贈答費、建築資材の購入費など、おもに建長寺の運営に必要な物品購入の支払いを記した「建長常住下行牒[32]」という帳簿が残されている。こちらも年度の会計報告用に作成された帳簿であると考えられ、徳川政権期に作成された分については、安政四年(一八五七)度から文久三年度の七年度分のうち文久元年度分を除いた六冊が現存している。その支払い費目ごとの決算額をまとめたものが表3である。

「定例」とは、常住役所での寺務処理で必要とされる和紙・筆・油・炭などの消耗品費で、例年銭二〇貫五六〇文が計上されている。さらに、建長寺の役僧が幕府や金地院僧録司との交渉のため江戸へ出府した際に、その宿所として芝浜松町に設置していた宿坊の人件費と維持管理費である「宿坊」という費目、また、行者への仕着せとして衣服購入費用の支給額を記した「衣料」の費目についても、増減のある年もわずかに見られるが、ほぼ年間支出額が一定で、この三科目の合計である金一〇両二分二朱と銭二五貫五六〇文

表3　常住下行牒を基にした建長寺における消耗品等の支出状況

	安政4年度	安政5年度	安政6年度
定例	銭20560文	銭 20560文	銭20560文
公用	金　3両2分2朱 銭 4509文	金　9両2分1朱 銭　3451文	金121両1分　銭 8472文
普請	金 25両3分2朱 銭93583文	金 25両1分　銭129902文	金 14両　2朱 銭74968文
雑用	金 66両1分1朱 銭54613文	金 97両2分2朱 銭115710文	金 26両　1朱 銭38378文
利金	金 47両1分　銭 3849文	金 71両3分3朱 銭　3746文	金226両1分　銭 4019文
穀代	金 24両2分　銭 1573文	金 35両　銭　1712文	金 26両3分　銭 1656文
宿坊	金　7両1分　銭　200文	金　7両　銭　200文	金　9両　2朱 銭　848文
衣料	金　3両2分2朱 銭 4800文	金　3両2分2朱 銭　4800文	金　3両2分2朱 銭 4800文
合計	金206両　3朱 銭　232文	金294両3分2朱 銭　707文	金451両2分2朱 銭　341文

・合計は両替手数料など差引後の数値

を建長寺の運営における固定支出と見做すことができる。

それ以外の費目は、その年ごとに発生する案件に即して支出した費目であるため、当然のことながらその支出額には大幅な増減が生じている。「公用」は寺社奉行や金地院僧録司との公的な折衝で利用した飛脚や、役僧が出府した際の宿泊代など、おもに通信運搬と旅費交通にかかわる費用であり、「普請」は建築資材費や職人の手間賃、「雑用」とは「定例」で想定されていない末寺からの歎願や訴訟など臨時の案件で必要となった消耗品費や懇意の者に対する慶弔金の支出、「利金」は建長寺常住が長期借入をしていた固定負債の返済金や利息金の支払い費目であり、そして「穀代」は玄米の購入費で、これには打飯牒に記載されている穀米の購入費も含まれるものと思われる。

幕末期に至ると、他の大寺社が行ったのと同様に、建長寺においても広範に資金の出資を募り、集積された資金を建長寺の名をもって貸付ける寺社名目金貸付を行うようになる。この貸付手法によって、建長寺は債務者から利息を得るとともに、原資を預託した債権者にはその使用対価として出資額に応じた利息を支払うことになった。寺社名目金貸付は、債務側と債権側に対して、それぞれに設定した利率の差異によって生じる利鞘が運用益として寺社に収納され、また、出資者にとっても配当性向こそ低かったものの、貸倒金の発生リスクが少ない安全な資金運用方法として盛行していったとされている。

「利金」費目には、建長寺が行った寺社名目金貸付において、出資者に支払った利息を計上しているとともに、建長寺常住がその経営費の不足を補塡するために自らの祠堂金から借り入れを行い、それによって発生する利息を自らの祠堂金貸付口座に返済するという会計を行うようになっていくため、その利息の返金額も含まれているものと考えられる。「利金」については、近世後期以降における特異な会計費目であることから、ここでは「利金」に計上された金額を省いた支出の状況を見ていくこととする。

打飯牒の記載によれば、この時期の銭の両替相場には多少の変動が見られるものの、金一両＝銭六貫五〇〇文前後で換算されている。この交換比率に基づいて、支払総計額から「利金」を差し引いた残高の概数を示すと、打飯牒の残されている六か年分の平均支出額は年間約金一七〇両であり、この金額が幕末期において、建長寺の維持運営に最低限必要とされたのである。

本稿で扱った十七世紀末から十八世紀前半にかけて、建長寺で祠堂金の貸付が開始された時期とは年代に大きな乖離があるため、ここで求めた数値をそのまま援用することはできない。しかしながら、大寺院である建長寺にとって、近世前期においても多額の運営費が必要とされた実態を推量できるのである。

おわりに

鎌倉五山第一位の大寺院である建長寺の祠堂金貸付について、その貸付が開始された経緯と運用の実態を、近世前期から中期における状況について述べてきた。当該期における建長寺祠堂金貸付は、建長寺の運営を担う常住役所と、教学面で建長寺派の紐帯となっていた西来庵を維持し、その運営費を補う目的で、建長寺の塔頭を通じて運用が行われ、それは常住役所と西来庵そして各塔頭のいずれにも利潤を発生させる趣意のもとに実施されていた。ただし、得られた利子を再び貸し付けて、複利式に利潤を追求するような仕法ではなく、元金を維持しその減損に留意した貸付仕法が採用されていたのであった。

この祠堂金貸付は、江戸幕府から安堵された寺領からの収入だけでは、到底その運営を行い得なかった財務状況において、必要不可欠な営利行為であったと位置づけられるのである。

しかしながら、その運用は天災や米価の高騰、そして有力檀家との疎遠化によって元禄年間の終わり頃には行き詰まりを露呈するようになる。これには、予想し得ない災害の影響だけではなく、大伽藍を有し多額の維持運営費が恒常的に必要とされた大寺院の属性も大きな理由であったと考えられるのである。

享保十七年（一七三二）の「建長寺常住日記[33]」には、「兼而申談候通、欠乏之常住ニ候得者、格別之余計無之候、接待飯費等山中之力計ニ及不申候、先常住ゟ為僧堂供料、西来庵江納来候祠堂米拾石分、致寄附之候、不足之処者托鉢ヲ以テ相勤候様ニ可仕候、各寺労煩ニ候得共、一派興復之事ニ候間被申合、少々宛助資被致、永々僧堂相続有之様ニ頼存候、此以後僧堂不相続候而者、本末之恥辱ニ存候、猶又一派之僧者心掛致登山、僧堂茂繁昌仕候様可被相心得候」と記されているように、経営難に陥っている常住と、継続的な運営に疑義の生じている西来庵の状況を吐露する記述がなされている。この危機に直面した建長寺では、各塔頭に托鉢による資金集めを求めるようになる。

近世中期以降において経営難に直面した建長寺では、まず托鉢や勧進による自助努力による資金集めを行い、そしてその後に講を結成して民間からの助資に頼り、最終的には公家である廣幡家や在郷の有力商人による出資金を元手として、末寺組織を活用してその檀家を中心に広範な金銭の貸付を展開していく寺社名目金貸付へと変遷を遂げていく。本稿では、建長寺において幕末期に展開された寺社名目金貸付の実態の問題を扱う前提として、建長寺の運営実態について述べてきたが、その問題関心については全く取り扱うことができなかった。建長寺の寺社名目金貸付については別稿を期したい。

註

（1）小葉田淳「中世に於ける祠堂銭に就て—社寺の経済組織の研究—」（『歴史と地理』二九—一、一九三二）。寶月圭吾「中世の祠堂銭について」（『一志茂樹博士喜寿記念論集』東筑摩郡・松本市・塩尻市郷土資料編纂会、一九七一）。

（2）堀江保蔵「徳川時代の寺社名目金」（『経済論叢』二七—六、一九二八）。吉川秀造「明治政府と名目金」（『経済史研究』一、一九二九）、同「熊野三山貸付金に就いて」（『経済史研究』三、一九三〇）、同「寛永寺の貸付金」（『経済史研究』一七—一、一九三七）。萱野和太郎「紀州家名目金」（『経済論叢』三四—三、一九三二）、同「尾州家名目金」（『経済史研究』四一、一九三三）。寺尾宏二「水戸家名目金史料について」（『経済史研究』一九—四、一九三八）、同「名目金源流考」（『経済経営論叢』九—二、一九七四）。小林計一郎「近世善光寺の祠堂金について」（『信濃』九—一、一九五七）。谷山正道「大和における名目銀貸付規制運動の展開」（『地方史研究』一六八、一九八〇）。三浦俊明「南関東地方における寺院の名目金貸付について」（『神奈川県史研究』一七、一九七二）、同「御三家名目寺院貸付金の展開と南関東農村」（北島正元編『幕藩制国家解体過程の研究』吉川弘文館、一九七八）など、のち同『近世寺社名目金の史的研究』（吉川弘文館、一九八三）に所収。

（3）床次和子「鎌倉英勝寺の祠堂金貸附」（東京女子大学『史論』九、一九六一）。

（4）三浦俊明前掲註（2）論文。

（5）田中洋平「近世農村地帯における修験寺院経営」（『地方史研究』三一〇、二〇〇四）、「近世北関東農村における祈禱寺院経営」（『日本歴史』六八六、二〇〇五）。

（6）『寛政重修諸家譜』巻第七七三。

（7）龍雲院殿については、『寛政重修諸家譜』には該当すると考えられる人物の記述は見られないが、「御法号幷御寄附物」（建長寺文書）に「加藤三左衛門（嘉遐）殿子息、加藤三之助殿、御石塔在于経堂之側」と記載されている。

（8）『寛政重修諸家譜』巻第七七三によれば「釈門に入て尼となる」と記述がある。「御法号幷御寄附物」（建長寺文書）によれば、享保五年に九十二歳で没するまで正法寺に住居し、勝春院殿梅真渓栄智達蔵主禅尼の戒名を授与され、石塔は建長寺開山堂の側に建立されたと記述されている。なお、同史料には加藤嘉遐は「勝春院弟」と記載されており、その続柄が明確となる。

（9）慈明院殿の俗名や加藤嘉遐との続柄について明確に記された史料は存在しないが、没年や大姉という戒名などから、加藤嘉遐の母親であると考えられる。なお「御法号幷御寄附物」には、その石塔は開山堂の側にあることが記されている。

（10）建長寺文書。

（11）「御法号幷御寄附物」（建長寺文書）。

（12）「西来庵祠堂金納帳幷塔頭預リ置覚」（建長寺文書）。

（13）建長寺文書。

（14）「西来庵祠堂金納帳幷塔頭預リ置覚」（建長寺文書）。

（15）「祠堂金聯判之覚」（建長寺文書）。

（16）龍源庵と明月院については、金七両の貸付額となっている。これは、金一四六両を按分した際に発生する端数の金二両を、一両ずつ借り受けたための金額であると考えられる。なお、その他の塔頭については議定のとおり金六両ずつの借付額である。また、西来庵の祠堂金は「建長寺常住日記」（建長寺文書）の享保十七年の箇所に、「西来庵只今迄納申候祠堂仏供米、其外諸色入用香灯料幷味噌料等迄不残納所之僧江相渡、向後衆僧扶持料之足シに致申筈ニ候、開山忌一会展待ハ申に不及、平生普請等迄納所之方ニ而可弁之」と記述があり、以後は常住祠堂金と合併され、常住の納所寮において取り扱われたと考えられる。

（17）明月院文書。

（18）建長寺文書。

（19）「建長寺常住日記」（建長寺文書）。『鎌倉志料』第四巻（鎌倉国宝館、一九九二）に収録。

（20）前掲註（19）。

（21）前掲註（19）。

（22）前掲註（19）。

（23）前掲註（19）。

（24）「基熙公記」（陽明文庫蔵）、「祐之地震道記」に、建長寺の被災状況が詳述されている。

（25）建長寺文書。『鎌倉志料』第五巻（鎌倉国宝館、一九九三）に収録。

（26）前掲註（25）。

（27）前掲註（25）。

(28) 前掲註(25)。
(29) 前掲註(19)。
(30) 「常住祠堂拝借牒」(建長寺文書)。
(31) 建長寺文書。
(32) 建長寺文書。
(33) 前掲註(19)。

近世における鎌倉寺院と江戸
―建長寺江戸宿坊の機能と役割を中心に―

保垣孝幸

はじめに

鎌倉五山筆頭である巨福山建長興国禅寺、いわゆる建長寺が所在する相模国鎌倉郡山之内村は、江戸日本橋からおよそ一二里の距離に位置しており(1)、諸用により出府する住山役者等は江戸で逗留することが少なくなかった。その一方で、寺院役者が江戸へと赴く機会は多く、将軍への年頭御礼をはじめ、嘉事の賀奏や諸帳面の納付、末寺寺院の出府にともなう寺務など、様々な理由で頻繁に江戸を訪れている。こうした度重なる江戸での滞在の際に利用されたのが江戸にあった宿坊である。

建長寺に残る多くの近世史料の中には、この宿坊に関する記述も散見されるが、実際にまとまったかたちで記している史料がないことや、鎌倉地域に直接関係ないことなどから、あまり注目されてこなかったものと思われる。事実、これまで刊行された『建長寺史』や『鎌倉市史』等を見ても江戸宿坊に言及している部分は皆無といっていいだろう。このことは、同じく江戸宿坊を有していた円覚寺や東慶寺といった他の鎌倉諸寺を取り扱った論考でも同様で、そもそも江戸宿坊がどのような施設であったかすら明らかとなっていないのが現状なのである。

しかし、徳川幕府が成立し江戸が首府となると、触の伝達はもとより、様々な寺社統制や宗教政策が江戸を中心に展開したことは周知の通りである。当然、大本山建長寺としても、江戸との関係を緊密に保持せざるを得なかったことは想像に難くない。その意味では、この江戸宿坊は、鎌倉寺院がどのように江戸と結びついていたかを明らかにする格好の材料と成り得るのである。

そこで本稿では、鎌倉寺院が設ける江戸宿坊がどのような機能を有し、寺院運営の中でどのような役割を担っていたのか、主に建長寺の事例を中心に明らかにしていくことで、近世期における幕府と寺院の関係、さらには江戸における遠隔地所在寺院の活動の一端を明らかにしていきたい。

一　建長寺「江戸宿坊」の概要

1　宿坊請負関係の成立

建長寺の江戸宿坊がいつ頃より設置されていたかは定かではないが、少なくとも元禄年間にはその存在を確認することができる。

〔史料1〕

此度江戸芝宿坊之留守居、山中衆評之上花蔵院口入にて、発心者恵常与申者指置申候、留主相勤申候内扶持方壱人扶持遣申筈ニ御座候、壱ケ月ニ黒米壱斗五升代金にて毎月遣可申候、証文等外ニ常住ニ取置申候

　　申ノ八月廿三日

史料1は、「常住日記」のうち宝永元年（一七〇四）八月二十三日の条に記されていた衆評の内容を記したものであ

る。(2) ここには建長寺塔頭の一つである花蔵院の口入によって、恵常という人物が江戸宿坊の留守居として置かれることになったと記されている。この恵常という人物であるが、その名前から出家者であること、そして留守居常置の「発心者」とあることから、その旨を花蔵院に伝えることができた立場、すなわち建長寺と何らかの関係を有していた僧侶だと思われるが詳細は不明である。それでも、元禄末年の段階ですでに江戸宿坊が存在しており、その後、恵常を一人扶持、黒米一斗五升代金で留守居として雇い、常駐させたことが知られるのである。

建長寺江戸宿坊に留守居が置かれるようになった事由であるが、この点については、二年後の宿坊の状況から容易に窺い知ることができよう。

〔史料2〕

一、芝宿坊之義留守無之故道具等分（紛）失、尤宿坊及荒ニ申故此度籠入口之多右衛門以相談、善助店為借置申候而留守之義相為勤候、為扶持方金子壱両壱歩ニ相定、毎年両度ニ相渡シ可申候、右衆議如件

宝永三戌正月日

史料2は、恵常が留守居として江戸宿坊に詰めるようになったおよそ二年後、宝永三年正月の記録である。(3) この前段部分からは、恵常がすでに宿坊を去っており「留守無之」状況であったことが知られるが、その結果、置いてあった「道具等」も紛失するほど宿坊が荒れ果てた状態になっていたことが確認できる。史料には「分（紛）失」と記しているが、盗難か否かの判断さえつかない状況であったのであろう。このことからも建長寺の江戸宿坊は、誰かが恒常的に詰めているような施設ではなく、それ故に恵常が留守居として置かれることとなったものと理解できる。しかし、その二年後にはすでに留守居は不在となっていることから、建長寺役者等が当初想定していたような宿坊の管理体制は十分に機能していなかった。そこで、史料2の後段部分に記されているように、籠入口の多右衛門との相談をもって

善助店を借り受け宿坊とし、多右衛門を留守居として常駐させることとしたのである。

この宿坊家主の善助であるが、屋号を大和屋と号し、「籠屋善助」とも記されることから、運送業に携わる商家であったと推定されるが、詳しいことはわかっていない。また、宿坊請負関係を結ぶ以前の両者の関係も定かではないが、鎌倉という遠隔地に位置する建長寺が江戸に宿坊を置こうとした場合、しかも、住持を常駐させぬまま維持しようとするならば、実際の管理・運営は江戸の町人に任せ、寺院は必要に応じてこれを利用するといったかたちが現実的であったのであろう。このことは同じ鎌倉五山円覚寺でも同様で、若干時代は下るが、江戸市中の町家を借り受け宿坊としている(4)。ともあれ、こうして建長寺は、善助と宿坊請負関係を結び、江戸時代を通じて建長寺の江戸出先機関として、その維持・管理を付託していくことになるのである。

2 江戸宿坊の概要

すでに確認した史料1および2に、「芝宿坊」とあったことでも知られる通り、建長寺の江戸宿坊は、善助と請負関係を結ぶ以前から芝に所在していた。そして、新たに請負関係を結んだ善助店も浜松町一丁目、すなわち芝に位置している。このことは五山派の江戸触頭寺院である金地院が芝に所在していたことと無関係ではあるまい。

触頭とは、幕府からの触を各宗の本寺・末寺に廻達し、逆に触下寺院の訴訟に際して添翰を発給するなど、各宗派を代表して幕府との取次役を果たした寺院で、幕府は寺院統制の手段として近郊の有力寺院から触頭を定めていた(5)。五山派の触頭は、芝切通しにあった僧録金地院で、五山派の本寺・末寺等は金地院を通して幕府の触が廻達され、訴願を行う場合にはまず金地院に伺い出ることとなった。当然、江戸に出府した建長寺役者等は金地院と緊密に連絡を取り合いながら寺務を進めることとなるため、建長寺の江戸宿坊は、金地院の近接地に置かれる必要があったものと思われる。

さて、宿坊の家作規模であるが、嘉永三年（一八五〇）の「宿坊再建下行帳」[6]によれば、瓦葺きの建物で、総畳数三五畳半、炉が一つ切られており、雪隠が二か所あったことが確認できる。さらに、安政六年（一八五九）の「建長常住下行牒」[7]からは、この建物が二階建てで、中には座敷があったことが知られる。残念ながら絵図面等が残存していないので詳細は定かではないが、およその規模は想像できよう。

また、宿坊の維持については、当初は地主善助の側で負担していた。

〔史料3〕

乍憚以口上書御願申上候

一、私儀近年商売事薄罷成候上、屋敷方御払殊外不埒ニ御座候間困窮仕候処、此度蔵作被仰付十方ニ呉申候、然共延引ハ難成事ニ御座候間、彼是相勤漸普請仕候、乍去□□□□只今迄之通□□□中難義各々□合御座候、依之□　□現金者□　□度々無之、工面仕候得共普請金之儀覚仕□□□無御座候得者、少も相調不申候、就夫何共申上兼候得共、此度金子拾五両恩借被下候様ニ奉願候、返納之義ハ御宿坊地代金ニ而御引落被下候様ニ仕度存候、前々ゟ御恩借仕候所も有之、時節柄与申中々可申上茂無之筋候得共、此分ニ罷有候而者身上一向相立不申候ニ付、無是非御願申上候、此段被聞召訳御恩借被下候様奉願上候、以上

元文元年辰九月廿四日

大和屋善助判

千龍庵様
常楽寺様

史料3は、元文元年（一七三六）九月、善助から建長寺役者衆へと差し出された金子借用願いの写しであるが[8]、これによると、「蔵《造カ》作」を命じられた善助が工事費用を工面できず、宿坊地代金を引き当てに金一五両の恩借を願い出ていることが確認できる。ここには、「十方ニ呉申候」とあり、加えて「彼是相勤漸普請仕候」とあることからも、宿坊普請費用を地主善助が負担していたことが明らかとなる。しかし、幕末段階の記録をみると、こうした諸費用は建長寺側で負担しており、例えば、先の「宿坊再建下行帳」では、素建て家屋に加え、瓦屋根一式・石代・左官代・造作材木代から手間賃まで全て建長寺の側で支出し、その額は金一三六両余に及ぶ。さらに、障子の張り替え代金や畳裏返し代金、壁塗り替え代金等、宿坊維持のための費用は必要に応じて常住より支出されていたことも確認される[9]。一方、文化三年（一八〇六）の記録には、「先年建長寺様之御所持ニ候」とあり、一時期、地面の所持が建長寺へと移動していることを記すとともに、宿坊の再建について、「不残御引請被下候」とも「思召次第」と、その費用をめぐって建長寺と善助の側で協議を行っていたことが記されている[10]。このように見ていくと、宿坊の維持・管理のあり方が時代によって変容していることを窺わせるが、ともあれ、建長寺の江戸宿坊が、単なる町家の借宅ではなく、建長寺の意向、さらには一定の費用の支出をもって維持されていた寺院の施設であったことに間違いはなかろう。

さて、宿坊の運営費用であるが、幕末期の段階では、定式のものとして金七両と銭二〇〇文、これに加えて臨時の費用が建長寺常住から支払われており[11]、地代金・家守給・諸掛・煤払いの費目が確認できる。

このうち最も額の大きかったものが地代金で、毎年、善助に金五両を支払っていた。この五両という金額であるが、同時代・同地域における地代としては廉価に設定されていたものと思われる。それというのも文政五年（一八二二）に善助が建長寺へと金子借用を願い出た際の願書には[12]、地代金については「年久敷御用相勤候故」特段増額を申請しなかったが、自分以外の所持になれば「余程相増し」とあり、地代金を低廉に抑えている結果、自らの経営状況に響いてきている旨を記している。願書という史料の性格からその文言を文字通りに理解することはできないが、周辺地域の地代より一定程度廉価に抑えられていたことは事実であろう。

次いで、家守給であるが、これは毎年金二分を支払っている。この金二分という金額は、先に確認した宝永三年（一七〇六）の段階（史料2）の扶持方金一両一分と比べ半額以下であり、同七年より金一分が加増され計金一両二分となっている動きからしても、非常に低額に抑えられているといえよう。その理由については定かではないが、宿坊請負の善助が「屋守善助」として記されているものも確認され、例えば、かつての多右衛門のような家守を別に置くことなく、善助自身がその役目を担っていたことも想起されるが定かではない。ともあれ、建長寺江戸宿坊には家守が居り、幕末に至るまで町人がその管理・運営に携わっていたことは明らかである。[13]

そして諸掛であるが、具体的な支出内容は確認できないものの、毎年金一両二分が支出されている。安政四年（一八五七）の「下行帳」には「未年ヨリ依願増之」とあり、弘化四年（一八四七）以降、増額されたことを記しているが、確認できた安政四年から文久三年（一八六三）の支出では全て金一両二分で固定されていた。その一方で、天保十二年（一八四一）の衆議では「江戸宿坊者願ニ付金壱両弐分宛先規之外ニ遣シ可申事」が決していることから、この諸掛が地代金や家守給とは別に、宿坊運営費用として新たに支出されるようになったものと思われる。また、定式のもの以外にも必要に応じて費用が支出されており、弘化四年以降の諸掛増額を含め、宿坊の運営費用が年々嵩んでいたことを窺わせる。[14]

最後に煤払代であるが、これは歳末に支払われる宿坊の煤払い代銭で、毎年定額の銭二〇〇文が支払われている。

以上、本節では宿坊請負関係成立の経緯やその管理・運営費用等についてみてきたが、ここで改めて概要をまとめると、建長寺の江戸宿坊は、塔頭や末寺、江戸宿寺といった寺院ではなく、あくまでも通常の町家であり、町人に請負わせて維持・管理を行っていた。一方で、その運営費用は建長寺常住が毎年額を定めて支出しており、これが単なる臨時的な借宅ではなく、建長寺が常設的に江戸に置いた寺院の施設であった、ということになろう。そこで次節以降、建長寺がこの宿坊を通じてどのような活動を行ったのか具体的に確認していくことで、宿坊の機能・役割について検討を加えていきたい。

二　江戸宿坊の機能と役割―「常住日記」の記載を中心に―

そもそも江戸宿坊は、「宿坊」というその字義が示す通り「宿屋のごときもの」[15]であり、建長寺役者等が公用で出府した際の宿泊施設が第一義であることに間違いはない。では、具体的にどのような時に住山役者は出府し、宿坊を利用したのであろうか。そして、役者が逗留していないとき、宿坊はどのような役割を果たしていたのであろうか。本節では「常住日記」の記録を中心に宿坊の実態を見ていくこととする。

1　賀奏出府

建長寺役者が江戸へ出府する理由のうち、最も頻度の高かったものが老中や寺社奉行など、幕府における寺院関係諸職就任者への賀奏であった。例えば、文久二年（一八六二）十一月から翌三年十一月までの一年間で、鎌倉五山で行った賀奏出府を記せば次の通りである[16]。

①土井大隅守（利善）　寺社奉行

②大田道醇　（資始）　寺社奉行　『柳営補任』には就任記載無し。
③松前伊豆守（崇広）　寺社奉行　史料中には「松平伊豆守」とあり。
④酒井雅楽頭（忠績）　老　中
⑤堀　大和守（親義）　寺社奉行
⑥有馬遠江守（道純）　若年寄　前職が寺社奉行。
⑦牧野備前守（忠恭）　老　中
⑧水野出羽守（忠誠）　寺社奉行
⑨本多能登守（忠紀）　寺社奉行

年によって粗密はあるものの、この年は一年間で九度の賀奏が行われていた。この一覧を見る限り、賀奏を行う職種としては、おおむね老中および寺社奉行と理解できる。これに加え、将軍および将軍家の慶弔にともなう出府も多く、将軍宣下はもとより、子女の誕生や「着袴」などの通過儀礼、さらには官職就任など、様々な儀式の際に住山自身および役者が江戸へと赴いている。

2　末寺訴願による出府

建長寺役者の出府は、自らの用向きによるもの以外、大本山としての務めによるものも多く、特に末寺の公訴にともなう出府は幾度となく確認されている。

例えば、宝永六年（一七〇九）四月、公家衆の通行にともない相模国大住郡の「御朱印」寺院へ伝馬役が賦課されたことについて、糟谷普済寺をはじめ大住郡の末派六ケ寺は名代を立てて公儀へ訴訟することとなった。そのため、建長寺天源西庵は、名代の大慈寺・能満寺を召連れて出府し、自らは江戸宿坊に入っている。[17] そこでまず僧録金地院へ内意を窺うのであるが、金地院は朱印地にも拘わらず伝馬役を務めたことは「不調法」であると「御呵」になり、「沙汰之かきり」として訴状を天源西庵へと戻すという対応を行った。こうした金地院の意向を受けて、天源西庵は出府していた両寺を江戸宿坊へと召し寄せ、金地院の意向を伝えるとともに相談を重ね、伝馬銭を村方より取り返し、以後、こうした役賦課を行わない旨を記した証文を取り置くことで決着させることになるのである。結局、この一件についての公訴は行われなかったが、天源西庵がこの江戸宿坊を拠点として、一件の落着まで僧録金地院や公訴のために出府した諸寺院との調整を重ねていたことが知られよう。

また、安永八年(一七七九)に起こった武州多摩郡小山村宝泉寺寫山退院一件では、小山村の檀家百余名が不帰依を理由に「仮菩提」を願い出るという事態が生じた。[18] 小本寺普済寺さらには大本寺建長寺でも「種々異見共差加」え、内済を奨励していくが寫山は承知せず、内々に寺社奉行所へと出訴してしまうこととなる。こうしたなかで、建長寺も急遽江戸へと出府し金地院と協議を重ねた結果、「宝泉寺寫山十年来住職勤方不宜」として退院を申し付けることを決定し、その旨を寺社奉行牧野豊前守へ届け出るのであった。こうして一件自体は収束に向かうのであるが、再び宝泉寺が駕籠訴でもするのではないかとの懸念が示されたことから、「若用事有之候ハ、善助所迄申遣」と、暫く江戸宿坊で控えておくよう命じられ、江戸での滞在は延引した。そして、「永滞府迷惑至極」との申し出が認められ、「勝手次第帰山」が許可されるのは、「宝泉寺出訴も致間敷候」と判断された翌月になってからのことであった。[19]

このように、末寺が公訴を行う際には建長寺も大本山として出府し、一件の終結まで江戸宿坊に詰めて金地院や出府した末寺との調整を重ねていた。そして、必要に応じて末寺等を宿坊に呼び寄せ相談を行い、金地院からの通達もこの江戸宿坊に届くようになっているなど、建長寺がこの江戸宿坊を拠点として、宗派内の訴願活動を展開していたことが知られるのである。

3　出府末寺の把握・管理

また、全国の末寺が江戸へ出府してくる際にも、建長寺はこの江戸宿坊に詰め、諸山末寺を把握・管理していた。こうした宿坊の機能は、宿坊成立の初期から確認できる。

〔史料4〕

（前略）参府次第早速江戸芝建長寺宿坊江相届、帳面ニ付可被申候、勿論面々宿宅町内所付宿坊へ持参可被致候、右之無断　公儀江罷出候寺院御年礼不相叶由被　仰渡候

史料4は、建長寺の江戸宿坊が確認できる最も古い記録で、元禄十七年（一七〇四）の年頭御礼で不参の惣礼寺院があったことにともない、改めて年頭参府に際しての内容を確認した廻達の一部である。[20]これによると、出府した全国の諸山末寺は、参府次第、芝の建長寺宿坊に届け出るようになっており、宿坊ではこれを帳面に付けて管理していたことが確認される。史料中に「宿宅町内所付宿坊へ持参」とあることから、末寺は別に宿所を設けなければならなかったことが知られ、江戸宿坊は、あくまでもここに詰める建長寺役者のための施設であったものと理解できよう。そして、届け出を行わなかった寺院に対しては「年礼不相叶」とあるように、末寺は必ず江戸宿坊に届け出なければならず、建長寺役者等がここで出府寺院を把握・管理していたことが明らかとなるのである。

こうした機能は、将軍代替わりごとに発給される継目安堵においても同様で、建長寺の役者は江戸宿坊に詰めて出府する末山諸寺を管理していた。

〔史料5〕

御朱印可被　成下之旨被仰出候ニ付、即従　公儀之御書付幷金地院之添状写差遣候、各寺　御朱印所持之寺院御朱印幷写相添、来四月下旬早々ニ急度出府可有之候、参府次第芝建長寺宿坊江被相届、其上指図可被受候、先達而住山役者罷出相待候、小本寺者不及申雖為小末銘々　御朱印持参可有之候、尤自分之印判入之失念有之間布候、已上

三月廿日卯上刻

建長寺役者　琢西堂

安西堂

末山衆中

追啓廻状之義刻付被致無遅々早速巡達可有之候、相届ケ次第互ニ請取証文取置可被申候、出府候ハ、面々宿之義在方者不可然候、建長寺宿坊近所ニ借宅可被致候、右之通出府之日限及延引候者各寺可為無念四月下旬参府候ハヽ、芝宿坊迄可被相届候

史料5は、宝永八年(一七一一)三月、六代将軍家宣の継目安堵にともない、建長寺役者から末山諸寺へと伝達された廻状の写しで(21)、ここでも先に確認した年頭御礼と同様、参府した末寺は、芝の宿坊へ届け出るともに、その近所に借宅するよう命じられていることが確認できる。そして、「住山役者罷出相待候」とあるように、建長寺役者等は、末寺が出府する四月下旬を見計らって宿坊へと詰め、末寺参府の準備を整えていた。

さて、この継目安堵に際し建長寺玉岡西堂が「御朱印」を持参し出府したのは四月二十七日となる。実はその十日前ほどになるが、金地院から公帖降下の急報が入り、四月十九日住山龍源和尚は報国寺・報恩寺を召し連れて出府し、江戸宿坊に入っていた。そして同月二十三日、金地院へ披露を済ませた後、無事に公帖を頂戴し、その日のうちに寺社奉行衆への御礼廻勤を済ませていたところに「御朱印」を携えた玉岡西堂が出府し合流したことになる。な

お、玉岡西堂の出府に際しては、上奉行円応寺・維那禅居庵、そして書記徳蔵主が「在府人数」として同道している。また、出府末寺の管理には参暇が携わっていたことも確認できるのであるが、これがいつの段階で宿坊に詰めていたのかは定かではない。

さて、建長寺自身の「御朱印」提出は五月十一日に無事に済み、即日、帰国の許可が与えられていたが、ちょうどこの日から末寺の「御朱印」提出が始まった。病気により江戸での逗留を余儀なくされていた龍源和尚が「御朱印」とともに鎌倉へと戻ったのは五月二十四日になったが、その頃もまだ末寺の「御朱印」提出は続いており、全ての末寺が提出を終えたのは六月七日となった。したがって、この間も江戸宿坊には役者等が詰め続けており、宿坊に詰めていた参暇等が「御朱印之事相済」み、鎌倉へと帰山したのは六月九日、「御朱印」写しを持参して以来、ひと月以上が経過して後のことであった。

これらの内容を宿坊の機能としてまとめると、建長寺江戸宿坊は諸山末寺の出府の際には、ここに参暇をはじめとする建長寺役者が詰め、出府寺院の把握や管理を行う施設として機能していたこと、そして、これは最後の末寺寺院が江戸を離れるまで続いていた、ということになろう。

なお、江戸に出府した末寺のうちには、この江戸宿坊を自らの宿所として幕府に届け出ている寺院も散見される。豆州那賀郡岩科村永禅寺の手目録には、宿所として「芝浜松町一丁目大和屋善助」と記している(22)。同様に豆州那賀郡の明泉寺・帰一寺・円通寺・西法寺や、相模国愛甲郡の妙楽寺・正住寺、同州大住郡の宝蓮寺など(23)も、善助店すなわち建長寺の江戸宿坊を宿所としている。しかし、すでに確認した史料5の追記部分でも記されていた通り、江戸に出府した末寺は宿坊近辺に借宅することとされており、実際に江戸宿坊を宿所としているわけではない。そうであるならば、これらの末寺は、あくまで幕府に対しての連絡先として、建長寺江戸宿坊を届け出ていたのであり、建長寺の江戸宿坊が常住等の旅宿のみならず、末山諸寺を含めた宗門全体における江戸の拠点として位置づけられていたとも理解できるのである。

しかしその一方で、宿坊を利用できるのは公用に限られており、これを私的に利用することは制限されていた。

〔史料6〕

一、同廿日過、雲外庵旧臘願之通、弥江戸表へ為托鉢被出候、其願之趣ハ当分宿所無御座候間、芝宿坊借用申度被申候、御相談之上長ク者相成間敷、相応之宿所出来候迄二月中用立申筈ニ申渡候

史料6は、宝暦十二年(一七六二)正月、建長寺塔頭雲外庵が江戸での托鉢にともない、芝宿坊を借用したいと常住役者へ願い出た際の記録である。(24) 雲外庵は、自庵の困窮から借財が嵩み、江戸での托鉢を余儀なくされていたが、宿所が決まらず、前年十二月より江戸の宿坊を利用したいと常住へと願い出ていた。そこで、常住役者等は相談の上、長くは逗留させないことを条件に宿坊の利用を認める決定をしたのである。結果だけを見れば、雲外庵の宿坊利用が許可されていることになるが、史料に記される「当分宿所無御座候間、芝宿坊借用申度」という文言からは、元来、雲外庵は江戸宿坊とは別の場所に宿所を設けなければならなかったことが知られよう。それゆえに、常住も「長ク者相成間敷」と長期滞在を認めず、加えて「相応之宿所出来候迄」という期間を区切って例外的にこれを認めたのである。こうした事例から、建長寺の江戸宿坊はあくまでも建長寺住山役者等が公用のために利用する宿所であり、塔頭が出府した際には、原則、ここを利用することはできなかったことが明らかとなる。

4 情報伝達、音物の受領

ここまで、建長寺役者等が出府した際の旅宿としての機能を見てきたが、次に役者不在時に江戸宿坊が果たした役

割について見ていきたい。

〔史料7〕

正徳六丙申年四月晦日御他界、同五月二日金地院ヨリ告来ル、飛脚宿坊多右衛門賃六百文、五山割合百廿五文宛

一態啓一行候、公方様薨　御被遊候間、各山御灯火之元急度可被仰付候、且老中江御出府可被成候、尤早速相聞様可申候へ共為念御内意如此御座候、恐惶頓首

五月二日　　徳濦

元湛

拝呈月五山諸位大和尚　各閣下

史料7は、「常住日記」のうち、七代将軍徳川家継の薨去を伝える触達を書き写した部分である。[25] これによると家継薨去の報は、触頭である金地院から鎌倉五山へ伝えられているのであるが、実際の伝達は「宿坊多右衛門」、すなわち江戸宿坊の家守が担っていたことが確認できる。飛脚賃の銭六〇〇文は鎌倉五山全体で均分支出しており、こうした宿坊を通じた情報伝達機能を鎌倉寺院全体で支えていたことも想起させるが、他の宿坊との関係も含め、今後改めて検討していきたい。それでも、こうした江戸から鎌倉へと情報を伝達する上で、江戸宿坊が重要な役割を担っていたことが知られよう。[26]

また、江戸宿坊には、役者不在時にも、様々な人が訪れていたことが確認される。

〔史料8〕

一、正月七日従江戸宿坊龍源大和尚来書

（本文省略）

正月七日

建長役者禅師

龍源庵硯信

追啓、立川普済寺以下六ケ寺も当正御礼番之由ニテ参府、金地院江も罷出候由、宿坊江も参候得共五日ニハ拙守故対面不申、年番御行違ニ而罷帰申候、色々間違之事共ニ而扨々難儀申候、以上

史料8は、元文二年(一七三七)正月、年頭御礼のために出府し宿坊に滞在していた住山龍源庵硯信から建長寺役者へと宛てられた書状の追啓部分である。(27) ここには、同じく年頭御礼のために出府していた立川普済寺ら六ケ寺の訪問を受けていたものの硯信は留守にしており、実際に対面が果たせなかった旨を記しているが、一方で、普済寺等の行動が、特に硯信との対面日を定めず行われたものであることに留意したい。すなわち、硯信の在・不在にかかわらず宿坊を訪れた普済寺以下六ケ寺の行動は、出府した諸山末寺にとって建長寺江戸宿坊が僧録金地院と同様、挨拶に訪れる場所として認識されていたものと理解できる。これは、あくまでも同じ目的で出府している末寺の行動であるが、実は、諸大名の中でも、この宿坊を建長寺の一機関として認識し訪れている事例が散見される。

例えば、享保十五年(一七三〇)七月、水戸家五代徳川宗翰相続にともなう賀祝を行った際に、水戸家使者が江戸宿坊を訪れ、返礼として金三〇〇疋を下賜している。同様に宝暦十三年(一七六三)には、先祖である北条時政五百三十年遠忌に際して、北条遠江守氏彦から使者を通じて使札および目録金一〇〇疋が宿坊に到来した。このように江戸宿坊には、様々な訪問者があり、大本山への音物、返礼等が届けられていた。

こうした事例に関し、円覚寺宿坊家守津村屋定七が作成した家守請負証文には、「書通・金子其外当山江御届ケ物等相違無之様急度相務」と記されており、宿坊には書状をはじめ、金子や様々な「御届ケ物」が到来したこと、そして、これを確実に寺院側へと届けることが家守の重要な役割であったことが確認できる。(28) このことは、当然、建長寺

でも同様であると考えられ、江戸宿坊が、建長寺への一つの窓口となっていたことが知られるのである。

ここで、江戸という地域から見た宿坊の役割を象徴する一つの事例を紹介しておきたい。

〔史料9〕

一、兼而江都旅館ニ御出有之候宝物地蔵尊・円鑑、昇山在府故河野両氏江内拝、其後芝浜松町宿坊ニ而為化縁朔日ゟ三日迄内開帳、近所之善男女群衆申候事也

史料9は、明和八年（一七七一）二月に江戸宿坊で行われた内開帳の様子を伝える記事である。(29) これによると、兼ねてより江戸へ出していた建長寺宝物の地蔵尊および円鑑(30)を江戸宿坊で三日間の内開帳したところ、近所の「善男女」が群衆し大いに賑わったことが記されている。「兼而江都旅館ニ御出有之候」とあることから、事前に宝物が江戸に持ち出されていたことが知られるが、宿坊での開帳が当初より企図されていたかは定かではない。史料に「内開帳」とあり、期間も三日間と短期間であることから、この開帳が寺社奉行所に差許しを得て実施されたものではなく、臨時的な、そしてごく小規模のものであったものと想起される。それゆえ参集したのが「近所」となったのであろう。それでも、鎌倉の宝物を江戸で見られるとあって、宿坊には「善男女」が「群衆」したのである。

このように、江戸宿坊は江戸という地域から見れば建長寺への窓口であり、人々は江戸宿坊を通じて鎌倉の建長寺とつながっていたのである。

三　宿坊地主「籠屋善助」と建長寺

前節までに、建長寺の江戸宿坊が単なる宿泊施設ではなく、江戸と鎌倉を結ぶ重要な機能を有していたことを明ら

かにしてきたが、最後に、これを維持・管理してきた籠屋(大和屋)善助と建長寺の関係について見ていきたい。

〔史料10〕

一、同日九ツ時江戸芝宿坊地主善助於正統庵俄ニ病気ニ付、早速江戸表へ飛脚差出、此方にて茂玄孝・三節両医を招、色々療治差加候得とも不相叶、即夜九ツ時相果申候、依之又候江戸表へ飛脚両人差遣、廿八日四ツ時善助倅利助参相願候者、遠方之義ニ候得者何卒此方にて火浴仕度旨相願候故、如何江戸表菩提寺ゟ書状成共参候哉承候得共未相果候事等と相知不申候故不及其儀罷越候、其儀者何分如何様之義出来仕候共少茂御山之懸御苦労申間敷と京橋之婚檜物屋庄助茂参共々相願候故、皆々内談之上両人より書付取之致許容、則於正統庵致仮葬、延寿堂ニ而火浴、廿九日昼時取骨、直ニ両人共即日出立、江戸表へ骨持参申候事

史料10は、宝暦十二年(一七六二)七月、善助が建長寺塔頭正統庵にて急死した際の様子を「常住日記」から抜き出したものである(31)。ここには、正統庵を訪れていた善助が俄に病気となり、二人の医者を呼んで療治したものの、そのまま急死してしまったこと、そこで急ぎ江戸表より倅の利助を呼び寄せたところ、利助は遠方ゆえ建長寺で火葬して欲しいと願いでてきたことが記されている。ここでまず確認できることは、善助が建長寺を訪れているという事実である。実は、地主善助が鎌倉に出向いていることを示す記録が殆ど無く、先祖供養や周年忌を含め、善助が建長寺で法要を営んでいることが確認できない。そのため、善助と建長寺の関係については判然としない部分が多いのであるが、少なくとも本史料からは、必要に応じて善助が建長寺を訪れていたことが明らかとなる。また、記されている内容から、善助には、別に江戸に菩提寺があったことも知られる。宗派等が記されていないため五山派か否かは定かではないが、ともあれ、善助と建長寺は、宗門ではなく、全くの宿坊請負関係をもって繋がっていたことが想起されるのである。しかし、百年以上も継続した建長寺と善助との宿坊請負関係は、この両者をより強固に結びつけていくこ

ととなる。

すでに史料3で、元文元年（一七三六）に宿坊の普請に関し、建長寺より金一五両の借用を願い出ていたことを確認したが、同史料中には、「前々ゟ御恩借仕候所も有之」とあることから、以前から善助は建長寺と一定の金銭貸借関係にあったことが知られ、加えて、これ以外にも善助と建長寺の金銭貸借事例は散見されることから、宿坊請負で結ばれた両者の関係が、証人を伴わない金銭借用関係に発展していたことが知られる。

また、こうした金銭貸借に加え、善助は建長寺に資金を預け、その運用を行っていたことも確認できる。

〔史料11〕

大和屋善助証文書替写

一金三拾五両者　但シ文字也

右之金子預り申所実正也、利足之義者右之内五両者壱ケ月三十五両壱分、残り三拾両者壱ケ月廿五匁壱分之勘定を以年々霜月遣し可申候、尤本金之義者其元無拠入用之節ハ不限何時文字金之割を以返済可申候、為後証役者連印彷而如件

明和六己丑十二月　鎌倉建長寺役者

明月院

天源院

宝珠庵

江戸芝神明前

大和屋善助殿

史料11は、明和六年(一七六九)、善助が金三五両を建長寺常住へと預け置いた証文で、「書替写」とあることから、以前より善助は常住へ資金を融通するとともに、その利分を得ていたことが知られる。[32] ここには、金三五両のうち五両は三五両で二分の利分で、三〇両は二五両で一分の利分で利子が定められており、これを合わせるかたちで「書替」が行われたものと思われる。そして、これらの利分はまとめて毎年十一月の役者交代時に常住から支払われていた。

そもそも、近世寺社が、堂舎修復のために喜捨された金銭に加え、富裕層から預け置かれた「差加金」を運用することで、巨大金融機関として位置づいていたことは周知に属しよう。[33] 建長寺の祠堂金については、鈴木雅晴が明らかにしている通り、大檀越である旗本加藤家をはじめ、有力檀家から寄せられた祠堂金の運用を寛文期(一六六一～七三)から行っていたことが確認できるものの、いわゆる「寺社名目金」といわれるように、広範に出資を募り、この貸付を本格的に展開するのは幕末期を待たなければならない。[34] その一方で善助は、史料11で見たように、明和期には建長寺へと資金を醵出し、その運用を行っていることが確認され、宿坊請負関係を前提とした、善助と建長寺の特別な結びつきを見て取ることができる。加えて、慶応二年(一八六六)に作成された「御貸附願雑費幷他借帳」[35]を見ると、「長徳寺口」や「報国寺口」などとともに、「籠善口」という項目が確認できる。この「籠善」とは、「籠屋善助」であり、善助が醵出する資金が建長寺祠堂金の一定程度の割合を占めていたことが明らかとなる。このように、宿坊請負を通じて形成された善助との関係が、建長寺の金融政策にも深く関わり展開していたことが知られる。

なお、こうした金銭の預借を通じた関係は、善助家の相続にも深く関係していた。

〔史料12〕

預り申金子之事

一金百両也
右者此度其許倅音七為相続金常住所江依願預ケ申候処実正也、入用之節者願出次第下金可有之候、支分之儀者年壱割壱分五厘之支分を以毎年三月相渡可申候、万一我等転役之節者後役申送り無相違取扱可申候、為後日仍而如件

元治元子年十一月

役者　回春庵㊞
海蔵寺㊞
正統庵㊞
玉雲庵㊞
参暇　報国寺㊞

音七方
後見親父
善助殿

建長寺㊞

本文之通り相違無之ニ付奥印如件

住山
龍源庵（花押）

史料12は、元治元年（一八六四）十一月、善助が倅音七の相続金として金一〇〇両を預けた際に建長寺と取り交わした証文である。[36] これによると、善助は音七への家督譲渡にともない金一〇〇両を建長寺へと預け、毎年一割一分五

厘、すなわち金一二両程の利子を三月に受け取る約定を結んでいた。そして、善助は、この利子をもって自家存続を図っていたことが知られるのである。建長寺のような寺社の金融システムは、町家の存続にも利用されていたことが明らかとなる。

既述の通り、善助と建長寺を結ぶ記録は、断片的なものに限られるが、現在、建長寺境内に所在する河村瑞賢墓所の参道には、「籠屋善助」が建立した庚申塔が残されている。(37) 設立年代も定かではなく、場所も移動しているため詳細なことは明らかではないが、善助と建長寺との関係を今に伝える貴重な遺物となっている。

おわりに

以上、断片的な史料をかき集めながら建長寺の江戸宿坊について、その機能や役割について確認してきたが、最後に改めてその内容をまとめ、結びとしたい。

建長寺の江戸宿坊は、出府した住山役者等が宿所として利用するのみならず、諸山末寺が出府してくる際などには、ここを拠点として諸寺を把握・管理するなど、建長寺の江戸出先機関として重要な機能を果たしていた。また、江戸という地域から見れば、この宿坊は建長寺の窓口であり、人々はこの宿坊を通じて遠隔地にある建長寺と繋がっていたのである。そして何より、こうした宿坊は江戸市中の町家であり、請負関係を結んだ町人にその維持・管理が任されてきたことに特徴がある。本稿においては史料的な制約もあり、善助と建長寺の関係について十分に検討を加えることができなかったが、善助はこの請負関係により建長寺と強く結びつき、建長寺で資金運用を行うとともに、幕末期に至り建長寺が本格的に祠堂金の運用を始めると、出資者の一人として、その展開に深く関わっていくこととなるのである。

また、祠堂金の問題と関連していえば、慶応二年（一八六六）、建長寺は寺社奉行に正式に許可を得て祠堂金貸付を展開し、関八州に加え、伊豆・駿河・甲斐・信濃の計一二か国で金一万四七〇〇両以上の運用を行っている(38)。この貸付金は在方のみならず江戸市中でも展開されており、鎌倉寺院の江戸での活動を検討する上で重要な論点を示すのであるが、その貸付所として「江戸芝浜松丁御用所」の存在が確認される。浜松町といえば、江戸宿坊の所在地であり、何らかの関係があったものと思われるが、これが宿坊と同一施設なのか否かを含め、さらに検討していくことが必要であろう。

さて、以上見てきた建長寺の江戸宿坊であるが、明治二年（一八六九）十一月に行われた一山衆議により、その廃止が決定している(39)。詳しい内容が記されていないためその理由については定かではないが、近世という時代の終焉とともに、江戸宿坊の歴史も幕を閉じることとなった。このことを逆に見れば、江戸宿坊は近世ならではの存在であり、幕府との関係を前提とした施設であったことを意味している。そうであるならば、ここで展開された様々な活動それ自体が、鎌倉という遠隔地に所在する大本山建長寺が江戸で果たさなければならなかった役割そのものだったと理解できるのである。

註

（1）　蘆田伊人編集校訂・圭室文雄補訂『大日本地誌大系二二　新編相模国風土記稿』第四巻（雄山閣、一九九八年）一四二頁。

（2）　「（建長寺常住日記）」（建長寺文書）、『鎌倉志料』第四巻（鎌倉国宝館、一九九二年）三七～三八頁。

(3)「(建長寺常住日記)」、前掲註(1)、五〇～五一頁。
(4)円覚寺の場合、一定年限で宿坊請負関係を変えていることが確認できるが、それでも江戸町人である「河内屋喜兵衛」「津村屋定七」といった者たちが宿坊請負関係を結んでいる(円覚寺文書)。
(5)豊田武『江戸時代宗教制度史の研究』(厚生閣、一九三八年)。宇高良哲「諸宗江戸触頭成立年次考一」(『大正大学研究紀要』六八、一九八三年)。
(6)嘉永三年「宿坊再建下行帳」(建長寺文書)。
(7)安政六年「建長常住下行牒」(建長寺文書)。
(8)「建長寺常住日記」(建長寺文書)、『鎌倉志料』第五巻(鎌倉国宝館、一九九三年)五～六頁。
(9)「建長常住下行牒」、前掲註(7)。
(10)「福山常住日記」(建長寺文書)、『鎌倉志料』第十巻(鎌倉国宝館、二〇〇七年)一六八頁。
(11)建長寺文書には、安政四年(一八五七)から文久三年(一八六三)まで「建長常住下行牒」が六冊含まれており、そのなかに「宿坊」という支出項目がある。宿坊費用に関する記述は、特に断りがない場合、この「下行牒」の記録による。
(12)文政五年「乍恐書付を以奉願上候口上書」(円覚寺文書)。
(13)宝永七年(一七一〇)十一月の衆議では、宿坊留守居太右衛門(多右衛門)から「扶持分訴訟」が提起され、結果、金一分の加増が確認されている。(前掲註(2)、八九頁)。
(14)「建長一山衆議牒」(建長寺文書)、『鎌倉志料』第三巻(鎌倉国宝館、一九九〇年)二六六頁。
(15)『日葡辞書』には、宿坊の訳として「坊主の家で、普通の宿屋のごときもの」と記している。
(16)建長寺の役者交代は毎年十一月末日となっており、「下行帳」など会計帳簿も含めて様々な記録類がこの時期に切り替えとなる。なお、本表は、文久二年「建長常住下行牒」（建長寺文書）の「公用」支出の部分から作成した。

(17)「（建長寺常住日記）」、前掲註（2）、七五〜七六頁。なお、本一件に関する記述は全て同史料による。

(18) 安永八年「乍恐以書付御願申上候覚」（建長寺文書）。

(19)「福山常住記録」（建長寺文書）、『鎌倉志料』第八巻（鎌倉国宝館、一九九六年）二三頁。

(20)「（建長寺常住日記）」、前掲註（2）、三六頁。

(21)「（建長寺常住日記）」、前掲註（2）、九三頁。なお、六代将軍家宣の継目安堵は、宝永八年三月十一日、諸国「御朱印」寺社に対し、継目安堵の触達が発せられ、その準備が進められるものの、翌年十月には家宣自身が薨去しており、実際には実施されなかった。

(22)「永禅寺手目録」（報国寺文書）。

(23) 各寺院の「手目録」が残されており、何れも「籠屋善助」を宿所としている（何れも報国寺文書）。

(24)「福山常住日記牒」（建長寺文書）、『鎌倉志料』第五巻（前掲註（8））一八八頁。

(25)「（建長寺常住日記）」、前掲註（2）、一四四頁。

(26) 江戸宿坊が果たした触の伝達機能については、澤村怜薫「近世臨済宗建長寺派における在地寺院の編成」（本書収録）でも触れられており、氏は、常陸国に所在する末寺に対しては、江戸宿坊から「序での折」に触が伝達されたことを明らかにしている。

(27)「建長寺常住日記」、前掲註（8）、一六頁。

(28) 文化九年（一八一二）「差上申一札之事」（円覚寺文書）。

(29)「福山常住日記牒」（建長寺文書）、『鎌倉志料』第六巻（鎌倉国宝館、一九九四年）二三三頁。

(30) ここで開帳された地蔵尊および円鑑については、「執権北条時頼のころ、済田左衛門の処刑の身代わりになったという伝説をもつ尊像で、初め心平寺地蔵尊の胎内に納め、ついで建長寺仏殿本尊の胎内に移したと伝わる」済田地蔵菩薩像木造、および「開山大覚禅師遺愛の品と伝える鼎形の銅鏡」で「西来庵第一の霊宝」とされる円鑑であると思われる。なお、宝物の説明については『宝物風入れ目録』(改訂第四版、建長寺、二〇一二年)。

(31) 「福山常住日記慄」、前掲註(24)、一九九頁。

(32) 「福山常住日記牒」、前掲註(24)、一五六～五七頁。

(33) 三浦俊明『寺社名目金の史的研究』(吉川弘文館、一九八三年)ほか。

(34) 鈴木雅晴「近世における建長寺の寺院経営と祠堂金貸付」(本書収録)。

(35) 慶応二年「御貸附願雑費幷他借牒」(建長寺文書)。

(36) 元治元年「預り申金子之事」(建長寺文書)。

(37) 石川博司『鎌倉を歩く　鎌倉の庚申塔』(庚申資料刊行会、一九九六年)。

(38) 建長寺が幕府に祠堂金の貸付を願い出て、実際に「御貸付御免」となるのは慶応二年(一八六六)三月のことである(「奉申上候口上覚」『鎌倉市史』近世資料編第二、吉川弘文館、一九八七年、三四五頁)。

(39) 「建長一山衆議牒」、前掲註(14)、二七三頁。

鎌倉周辺における異国船来航と寺社の対応
―近江多賀大社の配札と鎌倉五山の祈禱を中心に―

江尻　恵子

はじめに

近世期における鎌倉は、名勝地として知られ、多くの人が参詣や物見遊山に訪れた(1)。そして、幕末から明治期にかけては、横浜の居留地に住む外国人の遊歩区域に含まれたため、休息日を利用した外国人の観光地として親しまれた(2)。一方、名勝地としての面を持ちながらも、近世中期頃から、江戸湾防備体制の一部分を担っており、寛政四年（一七九二）のラクスマンの根室沖への来航後は、湘南海岸沿いに設置された鉄砲場において、異国船の来航を想定した砲術演習が行われるようになり(3)、天保十三年（一八四二）には、川越藩が三浦半島の南部から鎌倉方面にかけての海岸沿いの警備を担うようになった(4)。それに伴い、鎌倉では一五か村が川越藩領となり、腰越の八王子山に異国船対策の遠見番所が設置された(5)。その後、弘化四年（一八四七）の江戸湾防備改革では、新たに彦根藩が相州警備に加えられ、西浦賀から片瀬村にかけての海岸線の海防は川越藩に代わり、彦根藩が担当するようになった(6)。この一連の諸藩の海防政策の展開によって、海岸付近の住人には異国船発見時における役所・村への通報や備場への人馬動員が義務化された(7)。

海防の便宜上、海岸付近の村が諸藩の預所に編成されたが、彦根藩の預所では、私領同様に支配する特権が許され、藩札が使用された。これは、村に常住する藩士の日常生活を賄うため、経費支出に際して可能となった措置であり、嘉永六年(一八五三)に萩藩と相州警備を交代した際には、該当地域から藩札を全て回収している[(8)]。このようにして、近世後期の諸藩の海防政策が展開されると、鎌倉周辺の村はその影響を様々な形で受けるようになっていた。

また、幕府や諸大名による海防政策の一環に、寺社で執り行った祈禱を採用していたことが確認されている。近世後期の異国船来航に対する祈禱は、孝明天皇の勅令によって実施された畿内七社七寺での外患祈禱がよく知られているが、嘉永六年六月のペリー来航時には、幕府でも日光東照宮に祈禱を行わせている[(10)]。その他にも、津軽藩や琉球・薩摩藩においても、外圧への対処策としての祈禱が行われた。

長谷川成一は、津軽藩において、幕藩体制成立期における寺僧・社家の「役」の概略を明らかにするなかで、寛政四年のラクスマン来航にともなう津軽藩の蝦夷地出兵を契機として、天保・嘉永年間に行わせた国家安全の祈禱は、津軽藩が藩の危機を打開するために領内の寺院に賦課した「役」であったとして、海防政策に寺社での祈禱が取り入れられていたことを論じている[(11)]。また、熱美保子は、弘化元年における琉球へのフランス船の来航に際して、軍事力を持たない琉球は異国船の来航による災いを、島内あげての祈禱によって避けようとしたとして、琉球が近海への異国船来航に対して行った祈禱の意義を明らかにした[(12)]。そして、同時に琉球を支配していた薩摩藩では、琉球警備を担当するとともに、京都の醍醐寺理性院や石清水八幡宮などの寺社や修験者・陰陽師に祈禱を依頼して、あらゆる精神世界のものに頼って事態の打開を図ろうとしたことを明らかにした。このような祈禱を利用した外圧への対処方法は、近世期の幕藩制国家内において広く見られる方法であったという[(13)]。

これらの先行研究をふまえて、本稿では、近世期の鎌倉に焦点を当て、幕末期の異国船来航と寺社が執り行った祈禱についての考察を進める。鎌倉では、嘉永年間の史料中に、近江多賀大社の祈禱札が配られたとの記述が見られる。また、嘉永六、七年時のペリー来航の際には、鎌倉五山において「異国船退散」「国家安全」の祈禱が実施されており、外圧に対する祈禱が行われた。しかし、管見の限り相州警備と寺社による祈禱について論じられた論考はなく、実態が明らかになっていない。そこで、本稿では、鎌倉及びその周辺地域において行われた近江多賀大社の祈禱札配札を、相州警備の視点から理解を深めるとともに、嘉永六、七年に鎌倉五山で実施された「異国船退散・国家安全」の祈禱と当時の背景を、建長寺や円覚寺に現存する日記から理解を深めたい。

一　彦根藩の相州警備と近江多賀大社の祈禱札配札

弘化四年（一八四七）、彦根藩は幕府から相州警備を命じられ、三浦郡野比村から鎌倉郡片瀬村に至る海岸沿いの警備を担当することになった。その際、海岸警備に必要な人馬・水主・船等を近隣の村から動員する必要があり、近江国の藩領の一部を上地し、代わりに三浦郡と鎌倉郡の一万四六〇〇石が彦根藩領として与えられた。鎌倉郡では、乱橋材木座村・長谷村・坂之下村・極楽寺村・梶原村・常葉（常磐）村・津村・腰越村・片瀬村・川名村・手広村・笛田村の一二か村が彦根藩領に編成され預地となった(14)。その後、同藩による鎌倉での支配はペリー来航後の嘉永六年十一月に熊本・萩両藩への警備配置替えになるまで続いた。そうしたなか、嘉永六年（一八五三）三月、鎌倉郡の彦根藩領を中心とした地域に、彦根城下での信仰が篤い近江国多賀大社(15)が祈禱札の配札を行ったが、本来、鎌倉郡や三浦郡では、近江多賀大社は信仰が見られない神社であり、それ以前にも以後にも信仰が広まっていた形跡は見られない。そこで、嘉永六年三月に鎌倉の彦根藩領を中心とした地域に近江多賀大社の祈禱札が配られたことについて、その背景と理由を考えたい。次の史料1～4は、近江多賀大社が、祈禱札の配札を知らせた史料である。

〔史料1〕[16]

各様弥御安全被成御勤仕珍重ニ奉存候、然者今般当御預所海岸筋御静謐村中為□□（安全カ）於大社神前、御祈禱修行之御守札先年御触面之所、為配札近々致巡村候間、万事先例之通リ宜敷御取計頼入存候、以上

（嘉永六年）三月二日

勅願所
多賀大社
般若院役者

鎌倉郡三拾壱ケ村
右之御村々御名主衆中

追而早々御順達納ル御村方ニ御預置被下候、以上

〔史料2〕[17]

江州多賀般若院

今般当御預所御私領御同様被為蒙仰候ニ付、御支配内為安全多賀大社祈禱之神札村々配札致度段被願出候処、願之通御聴届ニ相成候ニ付、此度右般若院役者廻村配札可致間、可存其旨候、依之相触もの也

丑三月十一日

御預所奉行

（嘉永六年）三月十七日

上宮田村より
当村迄
弐拾四ケ村
右村々
名主
年寄
方江

〔史料3〕(18)

各様弥御安全可被成御勤仕目出度奉賀候、然者今般当御預所御私領同様被仰付候ニ付、海岸筋御静謐幷村中為安全配札之義願之通リ被仰付候ニ付、於大社神前御祈禱修行抽丹誠、則御守札為配札近々廻村致候、尤国中浦々嶋々ニ至迄配札之義者兼而御免許ニ有之、殊ニ御当領之義者御格別之御由緒も可有之候ニ付、野州佐野・武州世田ヶ谷同様軒別之配札御免被仰付候ニ付、御村方末々ニ至迄配札致候間、右之趣御申達被下、聊以麁略之請納無之様、御達置可被下候、以上

（嘉永六年）
三月廿日

廿四日

多賀大社御宿坊
般若院役者
小菅荘造

乱橋
村より

材木座
十二所村迄
右之御村々
御名主衆中

追而早々御順達、納ル御村方ニ御預リ置可被下候、以上

〔史料4〕(19)

各様弥御安全被成御勤仕珍重ニ奉存候、然者今般当御預所海岸筋御静謐村中為安全、於大社神前御祈禱修行之御守札先年御触面之通為配札近々致順村候間、万事先例之通宜御取計ひ頼入存候、以上

(嘉永七年)
三月二日

勅願所
多賀大社
般若院役者

乱橋・材木座始ニ而三拾壱ケ村
右之御村々御名主中様

これらの史料は、鎌倉の各村に宛てられた廻状をまとめた「相州村々御用留」「御用廻状留」から引用した。ここには、「当御預所御私領御同様被為蒙仰候ニ付、御支配内為安全多賀大社祈禱之神札村々配札」とあり、嘉永五年五月に相模国の預所が「私領同様」の扱いになったことを受けて、近江多賀大社が近江国の彦根藩領と同様に領内の安全を願い、祈禱札を配札したいと彦根藩に願い出たことがわかる。彦根藩は弘化四年の相州警備開始以降、相模国に

領分を与えられ、代わりに近江国領の一部が上知された。しかし、旧近江国領は私領同様に取り計らうことができる預所の扱いとなっていたが、その処遇が原因で藩の収入が減少したため、近江国内の旧領を戻すように幕府に願い出ていた。嘉永二年十二月には、藩の強い働きかけにより、近江国の旧領は彦根藩に戻り、さらに、相模国の領分は特権のない預所とされていたが、嘉永五年五月には、私領同様に支配できる特権が与えられた[20]。

彦根藩の相州警備は弘化四年から始まっていたが、領内の村で出動体制が敷かれたのは、嘉永二年八月にイギリス船マリーナ号が城ヶ島沖へ来航した際と、嘉永五年四月に伊豆大島沖において異国船の航行が発見された時であった[21]。マリーナ号の来航事件以前は、出動体制が敷かれるほどの発見・来航はなく、海岸では見分や調練のみが行われていただけで、嘉永二年のマリーナ号は彦根藩が最初に直面した異国船問題であったため、後の相州警備に影響を与えたとされている[22]。また、嘉永五年四月に伊豆大島沖で異国船が発見された時は、「乱橋材木座より常盤村迄〆拾弐ケ村」の村々に人馬動員の命令が下された。後日、人馬調達に遅れた村に対して、今回に限り処罰はしないが、今後は注意するようにとの達しが幕府から出ている[23]。このように、彦根藩の相州警備は弘化四年に始まったが、嘉永二年八月以前までは目立った異国船対応は見られずにいた。しかし、相模湾沖にも異国船が姿を見せはじめ、鎌倉近海でも緊張感が強まってきた頃に、多賀大社の祈禱札配札の知らせが届いた。

続いて廻状の宛先に注目したい。史料1は鎌倉三一か村に宛てられているが、嘉永六年三月時点での鎌倉郡における彦根藩の預所は一二か村であり[24]、彦根藩領以外の村にも廻達されている。一方、史料2は三浦半島の上宮田村から鎌倉郡の片瀬村までの二四か村に対して送られている。上宮田村は三浦半島の南東部に位置し、彦根藩の上宮田陣屋が置かれていた。上宮田陣屋は三崎陣屋とともに、彦根藩による相州警備の拠点であったが、役所としての実質的な機能は上宮田陣屋が保持していた。そのため、上宮田村から鎌倉郡の村に海防関係の廻章が通達されるケースが多く見られ、史料2も同様に、三浦半島西部の海岸沿いの村を経由し、(25)乱橋材木座村・長谷村・坂之下村・極楽寺村・津村・腰越村・片瀬村の二四か村に伝えられたと考えられる。一方、史料3に記されている十二所村は内陸部に位置し、直接的に彦根藩の支配を受けていない村であるが、近世期の鎌倉を支えた鎌倉一四か村(雪ノ下組合)(26)に属している。鎌倉一四か村は、鶴岡八幡宮の社役を務め、近世期における鎌倉の中心的な役割を果たした村々であり、(27)相州警備の開始と強化に伴い、助郷免除の歎願を出したほど負担が大きかった地域である。岸本覚によると、(28)相州警備における異国船の対応は、すべて浦賀奉行の命令を受けた上宮田陣屋の家老・城使等が行ったが、上宮田陣屋を中軸に、川越・忍・会津の三藩と相州警備地に命令伝達網が張られて、情報の伝達がなされたという。多賀大社の祈禱札配札も、こうした命令伝達網を利用して、彦根藩預所を中心とした、相州警備に関わる地域で行われたのではないだろうか。

また、史料3からは彦根藩の飛地である武蔵国世田谷領や、下野国佐野領にも御守札が配られたことがわかる。世田谷領と佐野領は、相州警備での海防夫役の動員がかけられたが、特に、世田谷領は江戸藩邸との連絡や武器・人数・荷物等の輸送を多量に要請され、江戸藩邸と相州をつなぐ重要な地域として位置づけられた。(29)一方、佐野領でも、村民と馬が海防の動員体制に組み込まれた他、相州警備に導入された西洋式の青銅砲の鋳造を命じられている。当初、彦根藩による相州警備には悪評がささやかれており、海岸警備に関する家来の評価等のほかに、大砲配備の不十分な点が指摘されていた。(30)これは、井伊直弼や城使宇津木六之丞の間においても彦根藩の旧格復帰のためにも解決すべき問題として重要視され、佐野領に対しては従来の負担軽減を実現させながらも、(31)優先事項として大砲鋳造に取り掛からせていた。そのような状況の下で進められた江戸湾の大砲配備は、海防四藩のなかでも彦根藩の配備によるところが大きかったと評価されていることから、(32)佐野領での尽力が窺える。

また、彦根藩の警備区域は三浦半島と房総半島の間に位置し、異国船来航の際の乗留ラインに接しているため、異国船との接触が最初に訪れる危険性があった。海防上、重要な意味を持つうえ、家格の回復と「悪評」を払拭することが、海防の強化に必要とされたため、相州・世田谷領・佐野領を挙げての対応がなされた(33)。特に史料3が廻達された乱橋材木座村から十二所村までの地域は、「殊ニ御当領之義者御格別之御由緒も可有之候」とあることから、佐野・世田谷領とともに、彦根藩の相州警備において同様の役割を果たした地域であると見なされたと考えられる。

さて、ここで近江多賀大社と井伊家との関わりについて、記しておきたい。多賀大社は、慶安四年（一六五一）に井伊直孝から破格の寄進を受けたことに始まり、参道の設置や宝永の大造営などでも井伊家から保護を受け、歴代の藩主が青銅灯籠等の寄進を行っていた。また、祭事の警護では彦根藩から出向の者が赴き、祭礼で必要となる馬を彦根家中から借馬するなどの協力体制があった。このような彦根藩の多賀大社への対応は、関ヶ原以後の井伊家による彦根支配のなかで、領民の間で信仰の深い多賀大社を保護することが領内の民心安定と藩主としての権威を保つことを可能にしたとして進められたものであり、それは近世を通して深められ(34)、幕末期にも及んだ。そして、井伊家が藩祖以来の武功を回復しようという局面において、多賀大社は相州警備に関わる地域に、警備の安全を願った祈禱札を配札した。彦根藩領であるにも拘わらず、配札の形跡がない地域がある一方で、彦根藩領ではない地域に配札の知らせが届いていることから、相州警備での存在感の在り方が窺える。

二　ペリー来航と異国船退散の祈禱

嘉永六年（一八五三）六月三日、ペリー率いるアメリカ東インド艦隊の一行が浦賀沖に来航した。およそ八日間の滞在であったが、江戸湾・相模湾周辺では浦賀奉行をはじめ、川越・彦根・忍・会津四藩が一斉に出動体制をとり、沿岸の村では大規模な郷夫役と人馬出動の命令が下されて、緊迫した雰囲気に包まれた。この時の寺社及び寺社周辺の様子を円覚寺蔵「公私諸般牒」と建長寺蔵「福山日記録」の記事から知ることができる。

〔史料5〕[35]

異国船渡来件

一、六月三日未中刻亜墨利加四艘内二艘ハ蒸気船也

浦賀湊内江渡来ニ付、近郷川越領・彦根領より追々役夫召寄候、門前公領も昨年より彦根御預りに相成候ニ付、名主七右衛門宮田江御見舞ニ五日之夜出立、翌朝五ツ時平根山御役所江罷出候所、態々参り直ニ帰村ニ不及ト被引留、七日扇ヶ谷名主ト両人何も用事無之故惣代江断り帰村仕候由七日午後ニ届来候、御山之御蔭を以、此度之役夫も免れ難有事ト申候

史料5によると、山ノ内村は嘉永五年に彦根藩の預所になっていたことから、ペリー来航後の六月五日の夜に名主の七右衛門が上宮田陣屋・平根山陣屋へ見舞に行ったが、扇ヶ谷村の名主とともに七日に帰村したことが記される。ここでは、御山のおかげで異国船対応の夫役を負わずに済んだと報告しているが、同じ彦根藩領の手広村でも、ペリー来航直後の六月四日から六日にかけて高割数値通りの動員がかけられた後、七日から十三日にかけては、人足がほぼ半数に減らされている。[36]これは、幕府とアメリカが交渉を始めた時期にあたり、郷夫役が削減されたことによる帰村であったと思われる。一方、雪ノ下組合の村では、江戸湾警備に向かう大名が増加したことにより、雪ノ下往還の通行量が増え、助郷の負担が村の生活を圧迫するようになったので、海防役に向かう諸大名の継ぎ立てを別の村にあててほしいと歎願している。つまり、海防に関わる人足の動員では地域差が生じており、海防夫役の村人が夫役免

除を受け帰村する一方で、海防に携わる大名が増加したため、助郷役は増加に転じていたのであった。続いて、次の史料6は翌年の嘉永七年正月の様子である。

〔史料6〕[37]

黒船渡来ニ付御触

異国近海江渡来之節、近海ニ領分知行有之面々、在町取締筋之儀者銘々心得も可有之候得共、万一悪徒共立回り可申も難計候間、召捕方等別而厳重ニ可被申付置候、若捕押兼候義有之候ハ切捨又者打殺候共不苦候、右之通御領・私領・寺社領共近国之分不洩様可被相触候

正月

別紙御書付壱通被差越候間、各山被奉得其意、末派中江茂御転諭可被成候、以上

正月十九日

地院役者

元　徴花押

元　仰同

建長寺

円覚寺

｜

｜

｜

右者、滞府役者白雲丈室江金役より被渡候、且役者取次僧司大和尚御口達ハ、異国船渡来ニ付天下安全祈禱ハ勿

論之事、臨時ニ御役人登山幷出馬之節、宿所被申付候節等、麁略無之様列岳申合可心得居候ト之御事

史料6が記された嘉永七年正月には、ペリー一行が浦賀に再来したが、約二か月に及ぶ滞在であり、東インド艦隊の軍艦が江戸近海にまで近寄ったため、各所で混乱が生じた。異国船見物禁止の触がたびたび出された他、史料中では私領・御領を越えての悪徒の取締を行うようにとの記述も見られ、前年の来航時とは異なる雰囲気が広がっていたことが感じ取れる。

続いて、史料6の後半部に、臨時に役人が登山した際には、寺院を宿所として申し付けることがあるので、準備しておくようにとの記述がみられることに注目したい。嘉永七年正月十七日、アメリカ側の使節と幕府は、会談を催す応接所の設置場所を巡って協議を行っている。アメリカ側は小柴沖の対岸や江戸での交渉を希望したのに対して、幕府は浦賀や鎌倉を候補地に挙げたが、鎌倉では船を停泊させるための十分な場所がないため現実的な案ではないとして、幕府内でも疑問視する声が上がっていた。しかし、金地院が鎌倉五山に対して「役人登山」の申付けをしていることから、応接所を鎌倉に設置して交渉を進める計画は、幕府にとって実現性のある提案であったと思われる。

結局、アメリカ側が「鎌倉はまったく不適当」であると否定的な見解を示したことから、鎌倉は応接所の候補地から外され、江戸と鎌倉の中間にあたる横浜を日米会談の開催地にすることが、二月一日に決定した。また、この応接所問題を協議している間の正月二十六日には、建長寺に熊本藩の陣所が設置される計画が持ち上がった。

〔史料7〕(38)

廿六日晴、貞也千龍ニ行上方へ触書入貴覧帰、七ツ過常住より使来、貞也直様出勤、細川家中末松十左衛門、古閑富次両人参り書院にて応対被申候者、主人越中守相模国海岸備被仰付候ニ付、御当山陣所ニ借用致度義ニ付罷出候間、何分宜ト、貞云、先達而も吉村・斎藤御当所御入来、又候、貴殿方御当所御入来、御念入候義、巨細御

頼之義承知仕、何時成共御出張不苦ト申候得者難有奉存候、此段重役共へ申聞度候間、何卒拙者共御願申義、帰府之上重役へ申聞ニ証拠ニ相成候様ニ、相違無之借シ遣ストノ一筆御願申トノ事、則認遣ス

此度異国船渡来ニ付、当山御陣所ニも被成度由ニて再応御頼有之、巨細承知仕候、何時ニても御出張不苦、為念如此ニ御座候、以上

寅正月廿六日

建長寺役者

広徳庵

宝泉庵

明月院

細川越中守様御内

末松十左衛門殿

古閑富次殿

右之書付半切ニ認、上包半紙ニて渡、種々打話、六ツ時退出、貞也直ニ帰院

史料7が記された前年にあたる嘉永六年十一月、相州警備の配置替えがあり、川越藩の旧警備地の後継に熊本藩が任じられた。そこで、十一月の終わりには、藩主の細川斉護が家老の長岡監物を警備地総帥に任命して、江戸に向かわせている。[39] しかし、川越藩が新たに命じられた品川台場の工事が遅れていたため、持ち場の交代ができずにいた。[40] そのため、嘉永七年正月九日に、長岡が江戸滝口の藩邸に入り、熊本藩兵たちも二十八日から二月一日の間に到着した際には、藩邸だけでは収容しきれず、近隣の寺院に分宿させる結果となった。長岡は「湊川之一戦に及」の覚悟で熊本から江戸に向かったとされているが、[41] 肝心の警備地には着任できずにいた。その間にも、ペリー率いる東インド艦隊が再び浦賀に来航している。また、正月十四日には、ペリーが浦賀水道を通過したことを受けて、熊本藩の江戸

藩邸の重臣たちは、大筒手やその門弟を含む一四〇人余りに出兵の準備を命じて待機させた。
このような状況において、警備予定地の近くに熊本藩の陣所を設置することが求められ、同日、熊本藩の中村直助と斎藤平右衛門が細川越中守の出馬にあたり、「御当山本陣ニ御願申度候」との依頼を建長寺に提出した(42)。その後、二月中には熊本藩の依田類右衛門が建長寺を訪れている。

〔史料8〕(43)

廿八日晴、貞也常住出勤、役者追々出勤、廻章一通認杉田へ出ス、異国船退散祈禱般若六役上方出頭、今日より
一七日間修行之積り也
廿九日、六役上殿祈禱、宅間東堂随喜出頭
二月朔日、祝聖後六役上殿祈禱

（中略）

九日晴、九ツ過都寺来云、今日細川越中守様御内依田類右衛門ト申仁常住へ参り、先日者弥本陣ニ貸シ被下候御書付被下難有奉存候、此段旦那へも申通シ候所被祝、今日者時候伺、右之御礼旁参上仕候ト申、役者へ飴一曲ツ、持参、是ハ乍麁品殿より差上候トノ事、点茶直ニ出立

嘉永七年二月九日、依田類右衛門が陣所設置のお礼伺いに寺院を訪れている。これを最後に、建長寺の記録から熊本藩に関する記述は見られなくなり、三月十五日には川越藩から熊本藩へと警備地が移管された。
以上、嘉永六年から七年にかけての建長寺と円覚寺及びその周辺の様子について概観したが、七年に入ると諸藩の海防政策にも緊張感が増し、寺院も対応を迫られていたことがわかる。また、鎌倉見物に訪れた人々が黒船見物へも立ち寄り、これにかけた商いを始めるものが出てきて、寺社周辺でも大変な賑わいを見せたという(44)。続いて、祈禱の

実施に関する記述を見ていきたい。

〔史料9〕(45)

同祈禱之事

一、九日　異船退散之御祈禱可致旨評決、建長寺参暇寮江も手紙ニ而問合候処、彼山ニ而も明十日より十六日迄修行被致候趣申来候、方丈荘厳祈禱品目を張ル

十日　早天御舎利方丈江拝請大悲呪大般若全部普門品消息呪回向者日中之を少し添削、理趣分者正伝和尚江願候、了而暫休息、役中衆鎮守諸社江御供餅壱重ツ、洗米神酒小豆飯を献備、諷経了而舎利講式楞厳行導回向、了而斎座、浄智真際和尚御随喜浦賀宮与家内亀蔵等も参詣、八ツ時閉帳御遠座、翌十一日より異船退散迄者毎晨大殿勤行中ニ山中者不残出頭、楞厳会後別ニ普門品行導日中回向、異船無事ニ退散ニ相成り候故、十三日朝祈禱満散也

史料9には、嘉永六年六月六日にペリー一行が浦賀に来航し、来航の三日後から異国船退散の祈禱が寺院で行われたことが記されている。建長寺の記録は確認できないため円覚寺の史料から窺うと、建長寺では、十日から十六日まで日付を決めて実施し、円覚寺では十二日に黒船が浦賀から去ったので、十三日の朝に祈禱を終了させている。異国船の来航に合わせて祈禱が行われているが、これまでにも鎌倉の近海において異国船騒ぎがあったにも拘わらず、ここで初めて、異国船退散祈禱が実施された。

続いて、安政元年（一八五四）正月のペリー来航時に行われた祈禱について見ていきたい。

〔史料10〕(46)

右者二月十五日夜福山より廻達添簡略之、即時金山江廻達、明十六日即形并飛夫賃弐百三拾九文為持遣ス、福山

参暇明月西堂入来相認故、当山ニ而ハ正月十五日より今以毎朝大仏殿ニテ一山祈禱仕候得共、明十七日より期七ヶ日大祈禱仕候而者如何哉と申入候而返翰之趣相定左之通、尚又御札献上願之義者、惣代仏日西坐江可相願旨是又相定候

貴翰拝読、然者昨年来度々異国船渡来ニ付、京列岳ニおゐて為冥加去朔日より七日之間、国家安全之御祈禱執行御札献上之義被願出候ニ付、当列岳ニおゐても同様執行致候ハヽ、御札献上之義御伺可被下之旨被仰越、各峯得其意候、当列岳ニおゐてハ去ル正月十五日より相始メ、日数不相定、今日ニ至迄日々無怠慢御祈禱執行罷在候処、猶又明十七日より前後七日之間一重丹精を抜し御祈禱執行可仕候間、御札献上之義ハ京列岳同様御願被下候様奉希候、猶又右願之義被仰付候ハヽ、早速被仰達被下候様是又奉希候、何れ近日各山惣代役者壱人参院御伺可申上候、右御報旁可得道慮如此御座候、以上

二月十六日

浄明寺役者　文質印
浄智寺役者　正補印
寿福寺役者　禅律印
円覚寺参暇　是坦印
建長寺参暇　僧貞印

金地院
役者禅師

二月十五日に建長寺から円覚寺に出された廻達によると、建長寺では正月十五日から祈禱を行っていたが、明日二月十七日より、二月一日から七日にわたって行われた京都五山の祈禱に合わせて、さらに七日間にわたる大祈禱を行

うという。鎌倉五山ではペリー来航の前日にあたる正月十五日から祈禱を始めているが、これは正月十四日にペリー率いる東インド艦隊の一艘が三浦郡長井の海岸で座礁し、鎌倉沖に投錨していたという事故が発生していたため[(47)]、十五日から異国船退散祈禱を行っていたものと考えられる。当初は、七日の期限付きであったが、その後、日数を定めずに続けられたことからも、事態の収束が見込めないままに過ぎていたことがわかる。その一方で、祈禱札を将軍家へ献上するか否かのやり取りが、京都五山・鎌倉五山・金地院の間で交わされた。

〔史料11〕[(48)]

十五日小雨　涅槃忌如例歳、斎后異国船退散祈禱、一山出頭、般若転読、七ツ頃金地院より達書到来

態啓一行候、然者昨年以来度々異国船渡来ニ付、京地列岳ニ於も為冥加、去ル朔日より七日之間国家安全之御祈禱執行、御札献上之儀被願出候、於其列岳茂同様御祈禱御執行之儀被存候間、是又御札献上之儀相伺申候ニ付、御祈禱之時日早々御申越可被成候、尤異船渡来ニ付、御祈禱御札献上之先例無之候得共、公方様　御厄年幷ニ御本卦ニ被為復候節御祈禱執行、御礼献上之義奉伺候通り之類例を以相伺申候、左候得者御札献上ニ不及候旨被仰渡候儀と存候、御札献上被仰付候得急速御達可申候、右之趣得道慮度如斯ニ御座候、以上

金地院役者

二月十四日　　元　徴

元　仰

建長寺

円覚寺

寿福寺

浄智寺
浄妙寺

〔史料12[49]〕

廿三日、晴、晩方鹿山参暇寮より使来、昨日仏日庵江戸より帰山、金地院より達書一通持参
昨年以来異国船度々渡来ニ付、京列岳ニおいて国家安全之祈禱執、行御札献上之儀被願出候ニ付、其列岳ニ茂同様御祈禱執行可有之義ニ付、御札献上之儀相伺候旨得道慮候所、去正月十五日より日数不相定無怠慢御祈禱御執行有之候得共、猶又去ル十七日より七日之間、被抽丹誠御執行ニ付、御札献上之儀京列岳同様相伺可申旨被申越致承知候、右者去ル十五日本多中務大輔殿江京鎌倉五山国家安全之御祈禱執行御札献上之儀相伺候所、今度異国船渡来ニ付、諸国寺社より御祈禱執行、御札献上之儀願出候共、御祈禱者執行仕、御札献上ニ不及候旨、御老中より兼而被仰渡候間、御札献上ニ不及候、御祈禱執行之儀者可及追達ニ旨被仰渡候、此段御承知、惣代御出府ニ不及候、右之趣得道慮度如是御座候、恐惶頓首

二月二十日　金地院役者
元　徴　花押
元　仰　同

建長寺
円覚寺

京都五山・鎌倉五山が祈禱札の献上を願い出たが、寺社奉行の本田中務大輔は献上に及ばないと老中からの仰せ渡しがあったとして、祈禱札の献上を断った。ここでは、当初、京都より先に祈禱を開始し、御守札を将軍家に献上する予定ではなかった鎌倉五山が、京都五山と同様にするために将軍家に御守札を献上したいとしていることから、鎌倉五山が京都五山に合わせて行動を共にしようとする意思が見られる。一方、史料中にあるように、異国船の来航に対する祈禱や御守札の献上願いが全国の寺社で行われたためか、幕府では御守札の献上は及ばないとしており、東照宮での祈禱でも、同様に御守札の献上は確認されていない[50]。しかし、津軽藩では蝦夷地警備に対しての祈禱が終了した後、御守札を作成させており、薩摩藩の琉球警備の祈禱でも、各寺院の御守札を藩主に納めている。

ここに、寺社の祈禱後の対応に相違がみられる。長谷川が、「幕府から朱印地を宛がわれた寺社は、神事・仏事の勤行を一般寺社の所謂「役」として広く賦課され、祈禱系仏教寺院と神社には、国家安泰祈禱が役務として設定されていた」と述べたように、東照宮や五山のような寺格の高い寺院は「役」としての意識で祈禱を実施した可能性が高く、その主旨は同様のものであったと考えられる。その上で、鎌倉五山は目の前に迫る危機に対して祈禱を行い、その後、京都五山に合わせた行動を望んで御守札の献上を願い出たのである。

おわりに

以上、本稿では、嘉永年間の鎌倉で行われた近江多賀大社の祈禱札配札と、嘉永六、七年（一八五三、五四）のペリー来航時に鎌倉五山で祈られた異国船来航に関する祈禱について考察した。

彦根藩の相州警備は、当初の警備での悪評を払拭して藩の評価を高め、井伊家の旧格を取り戻すことが求められていた。そのため、警備の便宜により与えられた相模国の領地だけではなく、旧来の佐野領と世田谷領の力も期待され、関東の領地が持てる力を最大限にして警備が進められた。そこへ、彦根城下での信仰の篤い近江多賀大社が、相州警備の安全を祈願した祈禱札の配札を行った。それは彦根藩領以外の村にも及んだが、井伊家の旧格復帰とされた京都守護職への就任が決まり、相州警備を解任され、羽田・大森沖の警備に転換されると、鎌倉での配札は見られなくなった。また、配札は、藩が命じて行わせたものではなく、藩主に対する祈禱札の献上も行っていない。このことから、鎌倉における近江多賀大社の祈禱札の配札は、多賀大社が相州警備に乗じて、彦根藩領を中心とした広域の村に祈禱札を配札することで、相模国をはじめとした関東の庶民層への信仰を拡大しようとしたものであった。

一方、嘉永六、七年のペリー来航時において、諸藩による相州警備が展開されるなか、建長寺・円覚寺では異国船来航に対する祈禱が行われたが、それは、寺院が「役」としての意識で実施したものであり、幕府や将軍家との結び付きによりなされたものであった。つまり、多賀大社の祈禱札の配札が庶民層を対象としていたのと全く異なる方向性がここにうかがえ、武家権力に志向している五山の姿がみられるのである。そして、熟が「外圧への対処策として軍事面での警備と、神頼みの祈禱の二面性がつねに存在[51]」と述べたように、幕末期の鎌倉においても、海防政策が諸藩の海岸警備と寺院の役としての祈禱という二つの方法で展開していたという一面も確認されたのである。

註

（1） 近世初期においては、寺社巡礼を主体にした紀行文が多かったが、中・後期になると、物見遊山を目的にした旅の紀行文が増えている。『鎌倉市史』近世近代紀行地誌編（鎌倉市、一九八五年）に紀行文の多くが掲載されている。
（2）『鎌倉市史』近世通史編（鎌倉市、一九九〇年）六七五～六八二頁。
（3）前掲註（2）『鎌倉市史』近世通史編、六三二～六三五頁。鉄砲場は享保十三年に享保改革の一環として、鎌倉郡片瀬村から鵠沼村・辻堂村・小和田村・菱沼村・茅ケ崎村を経て、相模川河口区域の柳島村にかけての湘南海岸沿いに設置され、明和年間には腰越村八王子山にかけての海岸に拡大された。当初の設置目的は、武芸奨励・士風刷新にあると考えられており、海防のための砲術演習を行うという認識はなかったとされている。
（4）『川越市史』第三巻　近世編（川越市、一九七二年）三八五頁。
（5）前掲註（2）『鎌倉市史』近世通史編、六三八頁。
（6）『新修彦根市史』第三巻（彦根市、二〇〇八年）一四頁。
（7）前掲註（2）『鎌倉市史』近世通史編、六四六～六四八頁。
（8）淺川道夫「彦根藩の相州警備と西洋流砲術」（横須賀開国史研究会『開国史研究』五、二〇〇五年）。
（9）七社七寺の外患祈禱について論じた先行研究に金孝宜「幕末の外圧と朝廷―外患祈禱を中心に―」（近世史研究会『論集きんせい』二三、二〇〇一年）がある。
（10）「社家御番日記」（東照宮社務所編、一九巻、五六二頁。二〇巻、一六頁（『日光叢書』）。
（11）長谷川成一「近世北奥大名と寺社」（『日本近世史論叢』上巻、吉川弘文館、一九八四年）。
（12）熟美保子「幕末琉球の外圧に対する祈禱政策」（南島史学会『南島史学』六二、二〇〇三年）。
（13）熟　前掲註（12）。
（14）『神奈川県史』資料編一〇（神奈川県、一九八七年）解説一四～二一頁。

(15) 近江多賀大社は彦根城下では、「お多賀さん」の愛称で呼ばれ、延命長寿の神として広く全国から信者を集めた。大祭の一部の馬頭神事では、城下の村々からも馬頭人と呼ばれる祭礼の役が選ばれ、その役を務めることは極めて名誉なことであった。また、井伊家では寺領の寄進や青銅灯籠の奉納をしており、歴代藩主は厚い信仰を寄せていたという。
(16) 東京大学法制史資料室所蔵文書「相州村々御用留」(『藤沢市史』第二巻、資料編)。
(17) 前掲註(16)。
(18) 前掲註(16)。
(19) 彦坂増蔵氏所蔵文書「御用廻状留」(『藤沢市史』第二巻、資料編)。
(20) 岸本覚「彦根藩と相州警備」(彦根藩資料調査研究委員会編・佐々木克編集代表『幕末維新の彦根藩』彦根城博物館叢書、彦根市教育委員会、二〇〇一年)。
(21) 前掲註(6)『新修彦根市史』一六~一七頁。岸本 前掲註(20)。イギリスの軍艦マリーナ号が三浦郡城ヶ崎に姿を現し、千代崎砲台へ滞船した。その後、三浦半島を離れたが、伊豆大島に上陸し、彦根藩士の説得によって、退去した出来事。
(22) 岸本 前掲註(20)。
(23) 前掲註(2)『鎌倉市史』近世通史編、六四八頁。
(24) 前掲註(14)『神奈川県史』資料編一〇、解説一五~二〇頁。嘉永六年三月の時点における鎌倉郡内の彦根藩預所は、梶原村・常葉村・津村・腰越村・片瀬村・川名村・手広村・笛田村・乱橋材木座村・長谷村・坂ノ下村・極楽寺村である。
(25) 上宮田村から西側にかけて三浦郡内の海岸に面した村は、小坪村・堀内村・一色村・長柄村・逗子村・下山口村・芦

名村・秋谷村・佐島村・長坂村・荻野村・林村・大和田村・長井村・本和田村・赤羽根村・入江新田である。

(26) 前掲註(2)『鎌倉市史』近世通史編、一六五頁。鎌倉一四か村は、大町・小町・扇ケ谷・雪ノ下・乱橋・材木座・長谷・坂ノ下・極楽寺・山ノ内・浄明寺・二階堂・十二所・西御門村を指す。乱橋村と材木座村は一か村と数えられることが多く、史料中でも合わせて記されることが多いので、本稿では、乱橋材木座村の名称を用いる。

(27) 前掲註(2)『鎌倉市史』近世通史編、六五二〜六五五頁。

(28) 岸本　前掲註(20)。

(29) 岸本　前掲註(20)。

(30) 岸本　前掲註(20)。

(31) 岸本　前掲註(20)。淺川　前掲註(8)。彦根藩が千駄崎・長沢村・大浦山の新設台場を築いたほか、三浦半島にある八つの台場のうち七つは彦根藩の担当であり、四藩のうちでも、最多数の火砲を所持していた。

(32) 岸本　前掲註(20)。

(33) 岸本　前掲註(20)。

(34) 末松史彦「多賀大社と井伊家」(神道史学会『神道史研究』一八―四、一九七〇年)、『お多賀様へは月まいり』(彦根城博物館、一九九四年)。

(35) 神奈川県史資料「公私諸般牒」(円覚寺蔵)。

(36) 前掲註(2)『鎌倉市史』近世通史編、六五四頁。

(37) 前掲註(35)。

(38)『鎌倉志料』十一巻(鎌倉国宝館、二〇一〇年)。

(39)『新熊本市史』通史編　第3巻　近世I（新熊本市史編纂委員会、一九九二年）七六〜七七頁。
(40) 前掲註(39)『新熊本市史』五四九頁。
(41) 前掲註(39)『新熊本市史』七七頁。
(42) 前掲註(38)。
(43) 前掲註(38)。
(44) 前掲註(2)『鎌倉市史』近世通史編、六五六頁。
(45) 前掲註(35)。
(46) 前掲註(35)。
(47) 前掲註(2)『鎌倉市史』近世通史編、六五一頁。
(48) 前掲註(38)。
(49) 前掲註(38)。
(50) 熟　前掲註(12)。
(51) 熟　前掲註(12)。

あとがき

本書は、鎌倉建長寺における寺史編纂の過程で生まれたものである。

鎌倉における近世史研究は、平田恵美氏が指摘するように、中世史の研究に比較し立ち後れているのが現状である（平田恵美「鎌倉の近世文書を読む」『古文書研究』八七、二〇〇九年）。かかる背景としては、やはり鎌倉が源氏由来の地であり、中世の歴史や文化財が厚いことに起因しよう。無論、そうした点は鎌倉の歴史イメージを形成する重要な要素であるが、それがために以降の歴史は、中世に比較して「凋落した鎌倉」像として述べられるだけである。「歴史」が分厚い地域であるゆえの悩みともいえよう。そしてこうした点は、史料保存の問題にも共通する。鎌倉における、近世・近現代の地域史史料・寺社史料の整理や調査は必ずしも望ましい状況になく、未整理史料も多いのが現状である。

こうした史料保存の問題は、地域の一寺社だけでなく、建長寺などの著名な本山寺院にも当てはまる。本山寺院は、史料の残存量の多いこと、寺院組織が大きく宗務の多忙さゆえに、未整理の近世・近現代史料が手つかずで残されている場合が多い。建長寺の場合、すでに『神奈川県史』『鎌倉市史』、教育委員会などの調査が行われていたが、寺内に未整理史料が一万点以上も存在していた。これらの史料をいかに整理保存し、次世代に継承していくかは、地域ないしは寺社の歴史を後世に伝えていく上で、そして今後、鎌倉の歴史像を深化させていく上でも大きな課題である。

これら本山寺院や各寺院文書がおかれている状況を、各地の史料調査から感じていた私たちは、『建長寺史』編纂にあたり、寺史編纂・古文書目録作成に留まらず、調査過程で得た成果や建長寺文書の特徴などについて、何らかのものを寺院、地域に還元したいと考えていた。そこで、平成二十二年に「鎌倉建長寺研究会」と称した研究会を発足し、各自の興味や研究内容に沿って報告会を行っている。本書は、主に本会での成果をまとめたものである。現在までに開催した研究会は次の通りである。

回数	報告者	論題	年月日
1	中野　達哉	近世初頭、豊臣秀吉・徳川家康と鎌倉の寺社 ―寺社領寄進と家康の関東領国整備―	二〇一〇年八月十四日
2	鈴木　雅晴	建長寺文書の特質	二〇一〇年九月十七日
3	江尻　恵子	鎌倉における異国船退散祈禱	二〇一〇年十月三十日
4	髙木　謙一	近世期建長寺領の基礎的考察―小町村・十二所村の分析を中心に―	二〇一〇年十二月十三日
5	中村　陽平	近世鎌倉建長寺の門前と門前百姓―宗門人別帳取扱一件を中心に―	二〇一一年二月十日
6	上田　良知	五山と龍翔寺西堂黄衣改衣一件	二〇一一年四月二十九日
7	斉藤　照徳	建長寺・塔頭の境内普請と勧化・開帳	二〇一一年五月三十一日
8	保垣　孝幸	近世「御朱印」寺社の所領特質とその制度的展開	二〇一一年七月五日
9	中野　達哉	「金地院記録」について	二〇一一年八月二十日
10	鈴木　雅晴	近世の建長寺における祠堂金貸附の変遷と寺院経営	二〇一一年九月二十六日

11	髙木　謙一	『建長寺常住日記』にみる寺領地の実態	二〇一一年十二月二十三日
12	中村　陽平	近世鎌倉建長寺の寺領支配と門前支配―門前の基礎的検討　二―	二〇一二年一月三十一日
13	上田　良知	江戸時代建長寺の遠忌執行について―五五〇年遠忌を中心に―	二〇一二年三月一日
14	斉藤　照徳	建長寺の什物帳と什物管理	二〇一二年四月一日
15	保垣　孝幸	地域寺院の離檀訴訟と本寺の役割 ―武州多摩郡二つの宝泉寺離檀一件から―	二〇一二年五月八日
16	澤村　怜薫	近世建長寺における触頭と触れの伝達	二〇一二年六月二十六日
17	菅野　将史	近世建長寺門前と鶴岡八幡宮	二〇一二年八月十日
18	中野　達哉 澤村　怜薫	江戸幕府と建長寺	二〇一二年十一月十日
19	斉藤　照徳	建長寺の延享二年の語録板行	二〇一二年十二月二十五日
20	鈴木　雅晴	近世後期における建長寺塔頭の運営状況について	二〇一三年一月二十三日
21	杉本　祖悠	近世における金地院・鎌倉五山と建長寺の関係	二〇一三年二月二十三日
22	廣瀬　良文	『巨福山興国禅師諸回向並疏冊子』について	二〇一三年五月二十一日
23	中村　陽平	御朱印地配分から見る鎌倉寺社領の構造―特に建長寺を事例に―	二〇一三年十二月九日
24	髙木　謙一	建長寺領における貢租負担の実態	二〇一四年三月二十二日
25	保垣　孝幸	遠隔地寺院の「江戸宿坊」―鎌倉建長寺の場合を中心に―	二〇一四年六月十七日

本書は「鎌倉寺社の近世」と題し、近世鎌倉寺社の特質を明らかにすることを目的としたが、主として建長寺を取り上げ、内容的には寺領支配や寺院運営の問題に偏重した感もある。しかし、近世鎌倉寺社の成り立ちや、鎌倉寺院がもつ多様性の一端を明らかにしえたことから本タイトルとした。

最後となるが、寺史編纂に伴う調査の場を与えて頂き、遅々として進まぬ編纂の傍ら、このような書を刊行することをお許しいただいた建長寺派管長吉田正道老師、白川宗昭建長寺史編纂委員長、高井正俊前宗務総長、石澤彰文宗務総長、そして、村田靖哲総務部長をはじめとする建長寺の皆様、また塔頭・末寺の皆様方にお礼申し上げます。また、岩田書院岩田博様には出版情勢の厳しいなか、出版についてご快諾頂きましたこと、厚くお礼申し上げます。

（文責　中村陽平）

編者紹介

中野　達哉（なかの・たつや）

1959年、東京都生まれ
1984年、駒澤大学文学部歴史学科卒業
1990年、駒澤大学大学院人文科学研究科日本史学専攻　単位取得退学
現在、駒澤大学文学部教授
博士（日本史学、駒澤大学）
主要著作
『近世の検地と地域社会』（吉川弘文館、2005年）
『江戸の武家社会と百姓・町人』（岩田書院、2014年）
「弘前藩庁日記と日記役」（『国文学研究資料館紀要　アーカイブズ研究篇』9、2013年）

執筆者紹介（掲載順）

中村　陽平（なかむら・ようへい）	埼玉県立歴史と民俗の博物館学芸員
澤村　怜薫（さわむら・れいか）	埼玉県行田市郷土博物館学芸員
鈴木　雅晴（すずき・まさはる）	駒澤大学非常勤講師
保垣　孝幸（ほがき・たかゆき）	東京都北区立中央図書館地域資料専門員
江尻　恵子（えじり・けいこ）	建長寺史調査員

鎌倉《かまくら》寺社《じしゃ》の近世《きんせい》　―転換する中世的権威―

2017年（平成29年）9月　第1刷　700部発行　　定価［本体2800円＋税］

編　者　中野　達哉

発行所　有限会社岩田書院　代表：岩田　博　http://www.iwata-shoin.co.jp

〒157-0062　東京都世田谷区南烏山4-25-6-103　電話03-3326-3757　FAX03-3326-6788

組版・印刷・製本：ぷりんてぃあ第二

ISBN978-4-86602-985-6　C3021　¥2800E　Printed in Japan

岩田書院 刊行案内（23）

			本体価	刊行年月
887	木下　昌規	戦国期足利将軍家の権力構造＜中世史27＞	8900	2014.10
888	渡邊　大門	戦国・織豊期赤松氏の権力構造＜地域の中世15＞	2900	2014.10
889	福田アジオ	民俗学のこれまでとこれから	1850	2014.10
890	黒田　基樹	武蔵上田氏＜国衆15＞	4600	2014.11
891	柴　　裕之	戦国・織豊期大名徳川氏の領国支配＜戦後史12＞	9400	2014.11
892	保坂　達雄	神話の生成と折口学の射程	14800	2014.11
893	木下　　聡	美濃斎藤氏＜国衆16＞	3000	2014.12
894	新城　敏男	首里王府と八重山	14800	2015.01
895	根本誠二他	奈良平安時代の〈知〉の相関	11800	2015.01
897	和田　　実	享保十四年、象、江戸へゆく	1800	2015.02
898	倉石　忠彦	民俗地図方法論	11800	2015.02
899	関口　功一	日本古代地域編成史序説＜古代史９＞	9900	2015.02
900	根津　明義	古代越中の律令機構と荘園・交通＜古代史10＞	4800	2015.03
901	空間史学研究会	装飾の地層＜空間史学２＞	3800	2015.03
902	田口　祐子	現代の産育儀礼と厄年観	6900	2015.03
903	中野目　徹	公文書管理法とアーカイブズ＜ﾌﾞｯｸﾚｯﾄA18＞	1600	2015.03
905	菊地　和博	民俗行事と庶民信仰＜山形民俗文化２＞	4900	2015.03
906	小池　淳一	現代社会と民俗文化＜歴博フォーラム＞	2400	2015.03
907	重信・小池	民俗表象の現在＜歴博フォーラム＞	2600	2015.03
908	真野　純子	近江三上の祭祀と社会	9000	2015.04
909	上野　秀治	近世の伊勢神宮と地域社会	11800	2015.04
910	松本三喜夫	歴史と文学から信心をよむ	3600	2015.04
911	丹治　健蔵	天狗党の乱と渡船場栗橋宿の通航査検	1800	2015.04
912	大西　泰正	宇喜多秀家と明石掃部	1850	2015.05
913	丹治　健蔵	近世関東の水運と商品取引 続	7400	2015.05
914	村井　良介	安芸毛利氏＜国衆17＞	5500	2015.05
915	川勝　守生	近世日本石灰史料研究Ⅷ	9900	2015.05
916	馬場　憲一	古文書にみる武州御嶽山の歴史	2400	2015.05
917	矢島　妙子	「よさこい系」祭りの都市民俗学	8400	2015.05
918	小林　健彦	越後上杉氏と京都雑掌＜戦国史13＞	8800	2015.05
919	西海　賢二	山村の生活史と民具	4000	2015.06
920	保坂　達雄	古代学の風景	3000	2015.06
921	本田　　昇	全国城郭縄張図集成	24000	2015.07
922	多久古文書	佐賀藩多久領 寺社家由緒書＜史料選書４＞	1200	2015.07
923	西島　太郎	松江藩の基礎的研究＜近世史41＞	8400	2015.07
924	根本　誠二	天平期の僧と仏	3400	2015.07
925	木本　好信	藤原北家・京家官人の考察＜古代史11＞	6200	2015.08
926	有安　美加	アワシマ信仰	3600	2015.08

岩田書院 刊行案内（24）

			本体価	刊行年月
927	全集刊行会	浅井了意全集：仮名草子編５	18800	2015.09
928	山内　治朋	伊予河野氏＜国衆18＞	4800	2015.09
929	池田　仁子	近世金沢の医療と医家＜近世史42＞	6400	2015.09
930	野本　寛一	牛馬民俗誌＜著作集４＞	14800	2015.09
931	四国地域史	「船」からみた四国＜ブックレットH21＞	1500	2015.09
932	阪本・長谷川	熊野那智御師史料＜史料叢刊９＞	4800	2015.09
933	山崎　一司	「花祭り」の意味するもの	6800	2015.09
934	長谷川ほか	修験道史入門	2800	2015.09
935	加賀藩ﾈｯﾄﾜｰｸ	加賀藩武家社会と学問・情報	9800	2015.10
936	橋本　裕之	儀礼と芸能の民俗誌	8400	2015.10
937	飯澤　文夫	地方史文献年鑑2014	25800	2015.10
938	首藤　善樹	修験道聖護院史要覧	11800	2015.10
939	横山　昭男	明治前期の地域経済と社会＜近代史22＞	7800	2015.10
940	柴辻　俊六	真田幸綱・昌幸・信幸・信繁	2800	2015.10
941	斉藤　　司	田中休愚「民間省要」の基礎的研究＜近世史43＞	11800	2015.10
942	黒田　基樹	北条氏房＜国衆19＞	4600	2015.11
943	鈴木　将典	戦国大名武田氏の領国支配＜戦国史14＞	8000	2015.12
944	加増　啓二	東京北東地域の中世的空間＜地域の中世16＞	3000	2015.12
945	板谷　　徹	近世琉球の王府芸能と唐・大和	9900	2016.01
946	長谷川裕子	戦国期の地域権力と惣国一揆＜中世史28＞	7900	2016.01
947	月井　　剛	戦国期地域権力と起請文＜地域の中世17＞	2200	2016.01
948	菅原　壽清	シャーマニズムとはなにか	11800	2016.02
950	荒武賢一朗	東北からみえる近世・近現代	6000	2016.02
951	佐々木美智子	「産む性」と現代社会	9500	2016.02
952	同編集委員会	幕末佐賀藩の科学技術　上	8500	2016.02
953	同編集委員会	幕末佐賀藩の科学技術　下	8500	2016.02
954	長谷川賢二	修験道組織の形成と地域社会	7000	2016.03
955	木野　主計	近代日本の歴史認識再考	7000	2016.03
956	五十川伸矢	東アジア梵鐘生産史の研究	6800	2016.03
957	神崎　直美	幕末大名夫人の知的好奇心	2700	2016.03
958	岩下　哲典	城下町と日本人の心性	7000	2016.03
959	福原・西岡他	一式造り物の民俗行事	6000	2016.04
960	福嶋・後藤他	廣澤寺伝来　小笠原流弓馬故実書＜史料叢刊10＞	14800	2016.04
961	糸賀　茂男	常陸中世武士団の史的考察	7400	2016.05
962	川勝　守生	近世日本石灰史料研究Ⅸ	7900	2016.05
963	所　理喜夫	徳川権力と中近世の地域社会	11000	2016.05
964	大豆生田稔	近江商人の酒造経営と北関東の地域社会	5800	2016.05
000	史料研究会	日本史のまめまめしい知識１＜ぶい&ぶい新書＞	1000	2016.05

岩田書院 刊行案内（25）

			本体価	刊行年月
967	佐藤　久光	四国遍路の社会学	6800	2016.06
968	浜口　　尚	先住民生存捕鯨の文化人類学的研究	3000	2016.07
969	裏　　直記	農山漁村の生業環境と祭祀習俗・他界観	12800	2016.07
970	時枝　　務	山岳宗教遺跡の研究	6400	2016.07
971	橋本　　章	戦国武将英雄譚の誕生	2800	2016.07
972	高岡　　徹	戦国期越中の攻防＜中世史30＞	8000	2016.08
973	市村・ほか	中世港町論の射程＜港町の原像・下＞	5600	2016.08
974	小川　　雄	徳川権力と海上軍事＜戦国史15＞	8000	2016.09
975	福原・植木	山・鉾・屋台行事	3000	2016.09
976	小田　悦代	呪縛・護法・阿尾奢法＜宗教民俗９＞	6000	2016.10
977	清水　邦彦	中世曹洞宗における地蔵信仰の受容	7400	2016.10
978	飯澤　文夫	地方史文献年鑑2015＜郷土史総覧19＞	25800	2016.10
979	関口　功一	東国の古代地域史	6400	2016.10
980	柴　　裕之	織田氏一門＜国衆20＞	5000	2016.11
981	松崎　憲三	民俗信仰の位相	6200	2016.11
982	久下　正史	寺社縁起の形成と展開＜御影民俗22＞	8000	2016.12
983	佐藤　博信	中世東国の政治と経済＜中世東国論６＞	7400	2016.12
984	佐藤　博信	中世東国の社会と文化＜中世東国論７＞	7400	2016.12
985	大島　幸雄	平安後期散逸日記の研究＜古代史12＞	6800	2016.12
986	渡辺　尚志	藩地域の村社会と藩政＜松代藩５＞	8400	2017.11
987	小豆畑　毅	陸奥国の中世石川氏＜地域の中世18＞	3200	2017.02
988	高久　　舞	芸能伝承論	8000	2017.02
989	斉藤　　司	横浜吉田新田と吉田勘兵衛	3200	2017.02
990	吉岡　　孝	八王子千人同心における身分越境＜近世史45＞	7200	2017.03
991	鈴木　哲雄	社会科歴史教育論	8900	2017.04
992	丹治　健蔵	近世関東の水運と商品取引 続々	3000	2017.04
993	西海　賢二	旅する民間宗教者	2600	2017.04
994	同編集委員会	近代日本製鉄･電信の起源	7400	2017.04
995	川勝　守生	近世日本石灰史料研究10	7200	2017.05
996	那須　義定	中世の下野那須氏＜地域の中世19＞	3200	2017.05
997	織豊期研究会	織豊期研究の現在	6900	2017.05
000	史料研究会	日本史のまめまめしい知識２＜ぶい＆ぶい新書＞	1000	2017.05
998	千野原靖方	出典明記 中世房総史年表	5900	2017.05
999	植木・樋口	民俗文化の伝播と変容	14800	2017.06
000	小林　清治	戦国大名伊達氏の領国支配＜著作集１＞	8800	2017.06
001	河野　昭昌	南北朝期法隆寺雑記＜史料選書５＞	3200	2017.07
002	野本　寛一	民俗誌・海山の間＜著作集５＞	19800	2017.07
003	植松　明石	沖縄新城島民俗誌	6900	2017.07